CONFLITO DE INTERESSES
E SERUM ANTICORRUPÇÃO

CONFLITO DE INTERESSES E SERUM ANTICORRUPÇÃO

SOLUÇÕES CONCRETAS CONTRA A CORRUPÇÃO
E PARA PROTEGER A SUA MARCA

YANN DUZERT
MONICA SIMIONATO
DENISE LEAL

ALTA BOOKS
E D I T O R A
Rio de Janeiro, 2021

Conflito de Interesses e Serum Anticorrupção
Copyright © 2021 da Starlin Alta Editora e Consultoria Eireli. ISBN: 978-85-508-1466-7

Todos os direitos estão reservados e protegidos por Lei. Nenhuma parte deste livro, sem autorização prévia por escrito da editora, poderá ser reproduzida ou transmitida. A violação dos Direitos Autorais é crime estabelecido na Lei nº 9.610/98 e com punição de acordo com o artigo 184 do Código Penal.

A editora não se responsabiliza pelo conteúdo da obra, formulada exclusivamente pelo(s) autor(es).

Marcas Registradas: Todos os termos mencionados e reconhecidos como Marca Registrada e/ou Comercial são de responsabilidade de seus proprietários. A editora informa não estar associada a nenhum produto e/ou fornecedor apresentado no livro.

Impresso no Brasil — 1ª Edição, 2021 — Edição revisada conforme o Acordo Ortográfico da Língua Portuguesa de 2009.

Produção Editorial Editora Alta Books	**Produtor Editorial** Illysabelle Trajano Thiê Alves	**Coordenação de Eventos** Viviane Paiva eventos@altabooks.com.br	**Equipe de Marketing** Livia Carvalho Gabriela Carvalho marketing@altabooks.com.br
Gerência Editorial Anderson Vieira	**Assistente Editorial** Maria de Lourdes Borges	**Assistente Comercial** Filipe Amorim vendas.corporativas@altabooks.com.br	**Editor de Aquisição** José Rugeri j.rugeri@altabooks.com.br
Gerência Comercial Daniele Fonseca			

Equipe Editorial Ian Verçosa Luana Goulart Raquel Porto Rodrigo Dutra Thales Silva	**Equipe de Design** Larissa Lima Marcelli Ferreira Paulo Gomes	**Equipe Comercial** Daiana Costa Daniel Leal Kaique Luiz Tairone Oliveira Vanessa Leite

Revisão Gramatical Catia Soderi Flavia Carrara	**Diagramação** Daniel Vargas	**Capa** Marcelli Ferreira

Publique seu livro com a Alta Books. Para mais informações envie um e-mail para autoria@altabooks.com.br
Obra disponível para venda corporativa e/ou personalizada. Para mais informações, fale com projetos@altabooks.com.br

Erratas e arquivos de apoio: No site da editora relatamos, com a devida correção, qualquer erro encontrado em nossos livros, bem como disponibilizamos arquivos de apoio se aplicáveis à obra em questão.

Acesse o site www.altabooks.com.br e procure pelo título do livro desejado para ter acesso às erratas, aos arquivos de apoio e/ou a outros conteúdos aplicáveis à obra.

Suporte Técnico: A obra é comercializada na forma em que está, sem direito a suporte técnico ou orientação pessoal/exclusiva ao leitor.

A editora não se responsabiliza pela manutenção, atualização e idioma dos sites referidos pelos autores nesta obra.

Ouvidoria: ouvidoria@altabooks.com.br

Dados Internacionais de Catalogação na Publicação (CIP) de acordo com ISBD

D988c   Duzert, Yann

Conflito de Interesses e Serum Anticorrupção: Soluções concretas contra a corrupção e para proteger a sua marca / Yann Duzert, Monica Simionato, Denise Leal. - Rio de Janeiro : Alta Books, 2021.
224 p. : il. ; 16cm x 23cm.

Inclui bibliografia e índice.
ISBN: 978-85-508-1466-7

1. Administração de empresas. 2. Marca. 3. Corrupção. I. Simionato, Monica. II. Leal, Denise. III. Título.

2021-65   CDD 658
                                 CDU 1

Elaborado por Vagner Rodolfo da Silva - CRB-8/9410

Rua Viúva Cláudio, 291 — Bairro Industrial do Jacaré
CEP: 20.970-031 — Rio de Janeiro (RJ)
Tels.: (21) 3278-8069 / 3278-8419
www.altabooks.com.br — atendimento@altabooks.com.br
www.facebook.com/altabooks — www.instagram.com/altabooks

ASSOCIADO

Dedico este livro a cada brasileiro preocupado com as futuras gerações e que se dedica para tornar o Brasil um país cada vez melhor.

— **Yann Duzert**

Quero dedicar este trabalho aos meus pequenos Samuel e Leonardo: cada linha do livro foi escrita desejando que crianças como vocês possam viver num mundo mais feliz, consciente e justo, em breve!

— **Monica Simionato**

Dedico este livro a todos os colegas servidores da pasta ambiental na União, nos estados e nos municípios brasileiros, para quem cuidar das presentes e futuras gerações têm sido um desafio tão grande diante de lideranças tão comprometidas com interesses alheios aos resultados ambientais que dirigem nossa missão, visão, labor e iniciativas de inovação.

— **Denise Daleva C. Leal**

Agradeço a Denise Leal pela contribuição essencial, pela perseverança e pela gentileza. Agradeço a Monica Simionato por completar este livro com os aspectos psicológicos e filosóficos tão importantes. Agradeço a J. A. Rugeri pela visão e cooperação excelentes.

—Yann Duzert

Quero agradecer a meus companheiros de escritura, Yann e Denise: graças a vocês, cada obra se torna uma aventura mais madura e entusiasmante!

—Monica Simionato

Meus mais sinceros agradecimentos a Yann Duzert pelo convite à participação nesta obra tão intensa e apaixonante; a Monica Simionato, pelas trocas enriquecedoras; a Willian Leal, pelo companheirismo, apoio e sugestões nos momentos de dedicação a este livro; a Daniel Daleva, pelas ilustrações tão maravilhosas quanto perspicazes; a Gisela, João Luís e meus demais irmãos de fé, pelo apoio de todas as horas.

—Denise Daleva C. Leal

Sobre os autores

Yann Duzert é membro do Conselho do MIT Technology Review no Brasil. Professor associado da Rennes School of Business, na França. Pós doutorado no MIT-Harvard Public Disputes Program e doutor pela École Normale Supérieure Paris-Saclay. Entre os seus clientes está a Presidência da Republica CDES, Procuradoria Geral da República, STF, CNJ, Petrobras, Banco do Brasil e Alibaba. Autor de 25 livros internacionais e seu último livro publicado na China foi eleito o segundo livro mais influente naquele país em 2017. Sua atuação profissional na área da negociação ética o levou a observar inúmeras situações organizacionais e governamentais de conflitos de interesse, dentro e fora do Brasil, que foram material abundante para suas reflexões e para a elaboração deste e de outros livros já publicados em torno da temática de negociação, com destaque para *Newgotiation* e para *Newgotiation for Public Leaders*, esse último em cooperação com o diretor de Executive Education da University of Southern California (USC Price School of Public Policy), Prof. Frank Zerunyan.

Também por sua atuação profissional, foi chamado pela Petrobras e reformou grande parte do setor de suprimento da empresa no meio da Operação Lava Jato, para modernizá-lo em negociação e eliminar os conflitos de interesses — trabalho também solicitado posteriormente pela Queiroz Galvão. Nesse contexto, teve a oportunidade de fazer diagnóstico de negociação e training para Odebrecht/Camargo Corrêa/Hochtief, Petrobras, Presidência da República do Brasil. Para preparar este livro, teve encontros com Bill Clinton, Donald Trump, o presidente da Andrade Gutierrez, o presidente da Eletrobras e ministros e ex-ministros dos governos Lula, como Jacques Wagner, Tarso Genro, Palocci, Gilberto Gil, Joaquim Barbosa, Raquel Dodge, Jonas Suassuna — do Sítio do Lula — e até com "Lulinha". Encontrou-se com o ex-presidente da Securities and Exchange Commission, Arthur Levitt; o vice-reitor da Harvard Law School, Michael Watkins; e o "Nº 1 Global Money Manager", Mark Mobius. Na França e nos EUA, tem atuado como observador da janela e educador em empresas e instituições de nível superior. Realizou capacitações sobre negociações complexas em meio ambiente e recursos hídricos para servidores públicos e representantes da iniciativa privada que atuam na área no estado de Goiás, e em meio ambiente para promotores e procuradores do Ministério Público da União e de estados como Goiás e Minas Gerais, tendo ministrado curso especial à equipe força-tarefa que atua no caso do rompimento das barragens da Vale, em Mariana e Brumadinho (MG).

Monica Simionato é antropóloga, graduada na Universidade de Turim (Itália), mestre em Jornalismo em Strasbourg (França). É especializada em Análise Transacional, Programação Neurolinguística (PNL), Anger Management (Gestão da Raiva) e em Prevenção dos Conflitos, esse último ministrado pela CIA (Central Intelligence Agency), EUA. É formada em Somatic Experiencing® (Therapy for Post Traumatic Stress Disorders – PTSD).

Também foi consultora científica do filme *Tratamento de choque* (com Jack Nicholson e Adam Sandler), sendo que as teorias e alguns dos exercícios utilizados na película foram amplamente explicados no livro de sua autoria, *Competências Emocionais* (2ª edição,

Qualitymark). Esse livro foi utilizado nos cursos de inteligência emocional da Fundação Dom Cabral. Ainda no Brasil, publicou *O fator emocional nas negociações* (Qualitymark, 2011) e *Liderança para Advogados* (FGV-Saraiva, 2013) e foi coautora de "Emoções: elementos para uma negociação mais cooperativa" (em *Negociações econômicas internacionais*, Unesp, 2011), *Fundamentos da negociação para o ambiente jurídico* (FGV-Saraiva, 2014) e *Newgociação* (Qualitymark, 2018, com Yann Duzert).

Congressista internacional e professora universitária. Lecionou na Itália, Suécia, EUA e França; morou na Índia. No Brasil, ministra "O fator emocional nas negociações", na pós-graduação em Negociações Econômicas Internacionais da Unesp, Unicamp e PUC-SP. Na Direito FGV (GVLaw), coordena os cursos de "Liderança para Advogados".

Atendeu a clientes como Nike, Fiat, Gambro, Randstad, Ajilon, Telecom Itália, Vodafone, Cyrela, TIM, Gerdau, Danone, Natura, Vale, Johnson&Johnson e Oi, dentre outros. Seus projetos focam no desenvolvimento de uma liderança sustentável, ética e humana, por meio da introdução das práticas de conscientização (mindfulness, Somatic Experiencing).

Leciona pela CGU e ESA de Brasília, PGE de BA, RJ e ES sobre o fator emocional nas negociações e liderança emocional.

Poliglota, deu a volta ao mundo pelo período de um ano para pesquisa internacional, abordando aspectos antropológicos. Faz parte do board de diretores do Foundation for Human Enrichment (FHE)/ Somatic Experiencing Trauma Institute (SETI) de Boulder – USA: www.traumahealing.org.

Denise Daleva Costa Leal é geógrafa e mestre em Geociências – Geologia Sedimentar pela USP, MBA em Gerenciamento de Projetos e concluiu o pós-MBA em Negociação Avançada pela FGV. É também doutoranda do programa de DBA em Administração, na área de Concentração de Negociação da Rennes Business School (RBS), na França, sob orientação de Yann Duzert.

Profissionalmente, é gestora governamental de recursos naturais do estado de Goiás, tendo exercido a função na extinta Agência Goiana do Meio Ambiente, hoje Secretaria de Estado de Meio Ambiente e Desenvolvimento Sustentável (SEMAD). Atuou na área de criação, implantação e gestão de unidades de conservação da natureza, onde iniciou suas observações e desenvolveu práticas de representação e negociação institucional diante dos diversos conflitos gerados com a criação de parques estaduais e áreas de proteção ambiental, por sete anos. Em seguida, migrou para a área de gestão de projetos institucionais com recursos estrangeiros, inclusive captação de recursos, onde também deu início às relações internacionais da pasta ambiental goiana. Durante esse período, representou a secretaria em diversas COPs das convenções da ONU sobre diversidade biológica (CDB) e na Convenção-Quadro das Nações Unidas para as Alterações Climáticas (CQNUAC). Foi ponto focal do estado de Goiás junto à Rede de Governos Regionais para o Desenvolvimento Sustentável (nrg4SD), tendo também acompanhado em Copenhague as negociações da reunião do IPCC, que discutiram o texto-base para tomadores de decisão sobre o acordo substitutivo do Protocolo de Quioto, o Acordo de Paris. Realizou inúmeras palestras e apresentações e participou de mesas nas áreas de criação, gestão e implementação de unidades de conservação da natureza, instrumentos econômicos e financeiros de gestão ambiental, mudanças climáticas, biodiversidade e políticas públicas ambientais para diversos públicos, inclusive em reuniões de organismos internacionais. Lecionou Geomorfologia e Legislação Ambiental em nível universitário no Brasil. A experiência internacional, até o momento em 14 países, e a ocupação de postos operacionais, de gerência (táticos) e de superintendência (estratégicos), bem como a atuação que a levou a acompanhar e a participar de negociações do local ao global, geraram as reflexões que a conduziram da prática aos estudos teóricos sobre negociação, cuja conciliação tem retroalimentado sua atuação profissional e seu desempenho acadêmico, motivados pela busca de resultados efetivos para o desenvolvimento ambientalmente qualificado no exercício de políticas públicas de Estado e de governo.

Sumário

Prefácio	**xix**
Introdução	**xxiii**

PARTE 1
Conflito de interesses: mapeamento e diagnóstico

A empresa 7
Identificando e mapeando os conflitos de interesses a partir da empresa........ 8
Duas teorias, duas perspectivas... 11
A luta interna 12
A luta externa... 13

Capítulo 1 — Primeiro pilar: As estruturas privadas de validação externa (*build trust*) — 17

Academia 17
Contador 21
Agências de notação ou de classificação de risco de crédito......................... 25
Publicidade.. 27

xvi   Conflito de Interesses e Serum Anticorrupção

ONGs 29

Mídia 31

Redes sociais 33

Responsabilidade social 35

Bancos 39

Seguradoras 40

Capítulo 2 — Segundo pilar: As estruturas públicas de validação externa: o governo (*law makers & controllers*)   **43**

O lobby 43

Executivo, Legislativo e Judiciário — os três poderes 45

Agências reguladoras 55

Segurança pública e Forças Armadas 68

Banco Central 70

Agências e bancos de fomento 71

Governos estaduais e municipais 73

Conclusão do segundo pilar 75

Capítulo 3 — Terceiro pilar: Validação pelos componentes internos da estrutura organizacional   **79**

A repartição interna do bolo: conflitos de interesses no interior da empresa. 79

Capítulo 4 — Quarto pilar: O indivíduo — trabalhador, cliente, fornecedor, pequeno acionista e cidadão: os múltiplos papéis do indivíduo e os conflitos de interesses no exercício dessa multiplicidade   **83**

O trabalhador 84

O cliente 86

O fornecedor 88

O pequeno acionista 90

O cidadão 92

Sumário xvii

PARTE 2
Serum anticorrupção

Capítulo 5 — Entender a hipercomplexidade para buscar novas soluções — 101

Um novo indivíduo coexistente com um novo sistema de produção–consumo 119

Capítulo 6 — Passos para um comportamento ético anticorrupção — 125

Conscientização pessoal: recomeçar de si 125

Uma educação de aspecto abrangente 137

O envolvimento político é imprescindível para que haja uma mudança duradoura 142

Newgotiation: aprender a negociar com novas maneiras de negociação 148

A governança colaborativa 158

As novas tecnologias e o papel da transparência 163

A economia positiva 166

Conclusão — Comece com "Por quê?" — 173

Referências bibliográficas — 177

Índice — 195

PREFÁCIO

Este livro mapeia os conflitos de interesses que ocorrem no âmbito dos relacionamentos entre empresa e governo e identifica os atores relacionados a cada um deles. Faz uma análise sistêmica dessas interações, a partir da observação de como se coproduzem as leis e as regras de mercado e, dentro desse jogo coevolutivo, quem domina, quem tem influência e como se joga com esse poder para se fazerem tais leis e regras. Observa como a empresa interage para o bem público ou bem comum e para o seu bem particular. Cada um dos atores no contexto da empresa tem seus próprios interesses, que tenta conciliar com os interesses do governo e dos demais atores. O livro faz um diagnóstico dessas interações, dos dilemas entre os interesses particulares e públicos, privados e comuns. Com esse cenário levantado, o livro traz soluções para as empresas e para os indivíduos resolverem os conflitos de interesses: tornar, na nova era digital, a transparência e a confidencialidade mais inteligentes; tornar a capacidade legislativa, executiva e judiciária livres de relações escusas com o mercado, e orientar o mercado a criar suas próprias regras de forma a respeitar o consumidor, o cidadão, o usuário, o fornecedor, o cliente, o acionista e as futuras gerações. Trata-se, portanto, de uma explicação sistêmica dos conflitos de interesse e seus mecanismos de corrupção e de como, por meio da lei, da ética, da gestão e da capacidade de negociação, podemos resolver essa natureza de conflitos.

Diante disso, faz-se mister esclarecer que o objetivo do livro não é incriminar ou buscar um bode expiatório, um culpado, mas mostrar a corresponsabilidade entre os atores envolvidos em relações organizacionais ou institucionais e como cada um desses atores — a empresa, os contadores, as agências de classificação de risco, os professores, os acadêmicos, os publicitários, os fornecedores, as fundações com responsabilidade social, dentre outros atores coletivos, e o consumidor, o cidadão, o cliente, o profissional, o usuário, o acionista, individualmente — tem conflitos de interesses decorrentes das incoerências de suas escolhas e decisões. Da mesma forma, dentro da empresa, existem os conflitos de interesse entre o bem particular de um departamento e o bem comum da empresa. Os interesses dos departamentos da empresa podem ser diferentes daqueles dos proprietários da empresa, que podem também ser diferentes do conselho da empresa. Igualmente, há o governo, que tem cada um de seus atores — Legislativo, Executivo, Judiciário — com seus representantes e conflitos de interesses entre servir à Nação e ao cidadão, ou servir aos seus financiadores ou à sua categoria profissional.

É essa a dinâmica que queremos desenhar, sem apontar culpados, e mostrar que esse é um problema sistêmico, sobre o qual se realiza uma síntese de reflexões, iniciadas com os meus amigos e colegas, no MIT Harvard Public Disputes Program, com o professor Lawrence Susskind e, na FGV/EBAPE, com o professor Bianor Cavalcanti. Essa análise é observada em muitos países no mundo, compartilhada entre os autores deste livro e com outros colegas e profissionais, pelo que se percebe uma constante, uma universalidade, com destaques para algumas particularidades no Brasil, Estados Unidos e Europa, dentre outros.

Yann Duzert

Janeiro de 2021

Chegaremos a um ponto, talvez muito mais cedo do que pensamos, em que essas necessidades [econômicas] estarão satisfeitas a tal ponto de preferirmos devotar nossas energias a propósitos não econômicos.

John Maynard Keynes, *Essays in Persuasion*, 1930 (tradução livre).

INTRODUÇÃO

As eleições americanas entre Trump e Biden em 2020 mostraram a importância das relações governamentais das empresas através do lobby e dos super PACS. O intuito deste livro é promover uma compreensão sobre o fenômeno dos conflitos de interesses e como fazer uma gestão para que se evite ou minimize sua ocorrência e, principalmente, os impactos dela no exercício finalístico da empresa.

Para isso, dividimos esta publicação em duas partes. A primeira trata de mapear e diagnosticar a ocorrência dos conflitos de interesses nos âmbitos de atuação interna e externa da empresa, que se utilizará de quatro pilares para validar seu negócio no mercado. O *primeiro pilar* é composto das estruturas privadas de validação externa que podem estar sujeitas aos conflitos de interesses em lugar de exercer seu papel de isenção, sendo elas a Academia, o contador, as agências de notação ou de classificação de riscos de crédito, as agências de publicidade, as ONGs, a mídia, as redes sociais, os projetos de responsabilidade social, os bancos e as seguradoras. O *segundo pilar* se compõe das estruturas públicas de validação externa, que, novamente, podem ceder a conflitos de interesses no exercício de sua função pública diante da lei, ou mesmo exercer atividades ilícitas já no âmago da sua função, e incluem o lobby, os três poderes, as agências reguladoras (governamentais), a segurança pública e as Forças Armadas, o Banco Central, as agências e bancos de fomento e os governos estaduais e municipais. O *terceiro pilar* se constrói com as estruturas de validação interna, que dizem respeito aos setores organizacionais decisórios em seu papel de disputa ou de apoio, como os postos de presidente, de CEO e os conselhos administrativos. E, finalmente, temos o *quarto pilar*, que é composto do indivíduo e seus múltiplos papéis, cujos interesses se conflitam e se sobrepujam de acordo com o contexto das decisões cotidianas.

Mapeados e diagnosticados os conflitos de interesses que se revelam no seio do exercício da empresa em busca da validação de seu negócio no mercado, buscamos, na segunda parte do livro, propor prescritivos, a que chamamos de *serum* anticorrupção — *serum* é a palavra latina para soro. Indicamos passos para um comportamento ético anticorrupção, gerando uma caminhada no sentido de dentro para fora do indivíduo: o autoconhecimento e a autopercepção são os elementos iniciais para que uma mudança comportamental seja progressivamente verdadeira e sustentável. Assim, partimos da conscientização pessoal, passando pelo processo educacional familiar, escolar, religioso, cultural, organizacional e restaurativo, adentramos o envolvimento político, o desenvolvimento de habilidades negociadoras pessoais e organizacionais, reconhecemos o papel das normas como dissuasoras ou incentivadoras de comportamentos, investigamos o impacto e as possibilidades das novas tecnologias e da transparência no controle governamental e social e inauguramos uma reflexão sobre a economia positiva como um dos resultados da Terceira Revolução Industrial e da economia compartilhada. Ao final, convidamos o leitor a refletir e a questionar a si mesmo quanto ao seu comportamento pessoal diante de situações de conflitos de interesses, propondo-lhe as escolhas que conciliem de forma saudável o interesse pessoal com o bem comum e a viabilidade das futuras gerações.

Você aceita o nosso convite?

Parte 1

Conflito de interesses: mapeamento e diagnóstico

Em sentido amplo, *conflito de interesses* pode ser usado como sinônimo de corrupção. O conceito, entretanto, não se aplica somente à corrupção no exercício de atividades profissionais. Trata-se, mais a fundo, de uma corrupção interior dos códigos morais e éticos de uma pessoa que se reflete em suas relações sociais, isto é, da corrupção do compromisso que um indivíduo teria consigo mesmo de buscar sempre o bem do próximo, o bem comum, acima de interesses pessoais, no desempenho de suas tarefas sociais.

Quando se fala em conflito de interesses, não estamos falando simplesmente de pagamento de "propina" a um político corrupto por parte de uma empresa corrupta. Trata-se, para além disso, do conflito que ocorre quando uma pessoa, física ou jurídica, pública ou privada, com ou sem fins lucrativos, passa a tomar decisões e atitudes em favor próprio ou de uma minoria em detrimento do interesse público ou da coletividade que representa ou na qual está inserida — seja o ambiente político ou não.

Na lei brasileira que trata do conflito de interesses relacionado à atuação de um servidor ou representante institucional do Poder Executivo Federal no exercício de sua função, entende-se por conflito de interesses a situação gerada pelo confronto entre interesses públicos e privados que possa comprometer o interesse coletivo ou influenciar, de maneira imprópria, o desempenho da função pública[1].

A página em língua portuguesa de muitos dicionários e até do Wikipédia define conflito de interesses como um cenário de diversas instâncias no qual um julgamento profissional é indevidamente analisado, com base em interesses que não são primários, e que ocorre quando se dá preferência a um interesse secundário no resultado de determinada ação[2]. A versão em língua inglesa introduz o conceito como uma situação na qual uma pessoa ou instituição se encontra envolvida em múltiplos interesses, financeiros ou outros, e em que servir a um interesse pode implicar em trabalhar contra outro[3]. A definição dada pela enciclopédia eletrônica em sua versão para a língua francesa diz que uma situação de conflito de interesses aparece quando um indivíduo ou uma organização têm vários interesses que se opõem, e que ao menos um dos interesses poderia corromper a motivação do indivíduo ou da organização quando de suas atitudes sobre os demais interesses envolvidos[4].

Alguns tipos de conflitos de interesses são mais estudados e documentados na literatura científica, como os conflitos de interesses no exercício do ato médico, na prática da advocacia, na ocupação

---

1 BRASIL. *Lei Federal 12.813, de 16 de maio de 2013.* Disponível em: <http://www.planalto.gov.br/ccivil_03/_ato2011-2014/2013/lei/l12813.htm>. Acesso em: 03 de jul. 2018.

2 Wikipédia. *Conflito de Interesses.* Disponível em: <https://pt.wikipedia.org/wiki/Conflito_de_interesses>. Acesso em: 15 de mai. 2018.

3 Wikipédia. *Conflict of Interest.* Disponível em: <https://en.wikipedia.org/wiki/Conflict_of_interest>. Acesso em: 15 de mai. 2018.

4 Wikipédia. *Conflit d'Interêt.* Disponível em: <https://fr.wikipedia.org/wiki/Conflit_d%27int%C3%A9r%C3%AAt>. Acesso em 15 de mai. 2018.

de cargos públicos, no âmbito da indústria farmacêutica e também da indústria de agrotóxicos. No exercício do ato médico, temos um exemplo de conflito de interesses quando um médico decide fazer uma cirurgia no paciente para ganhar mais dinheiro do que ganharia apenas com a aplicação de tratamentos não cirúrgicos igualmente eficazes e menos invasivos para determinada patologia. Na prática da advocacia, podemos ilustrar com um advogado que direciona soluções ao seu cliente que lhe tragam maior renda de seus honorários do que atos que resolvam o caso com menos custo e maior rapidez. No exercício de cargos públicos, podemos tomar como exemplo o caso de políticos parlamentares, do Poder Executivo e de membros do Judiciário que, em troca de benefícios financeiros ou presentes, fazem leis tendenciosas, realizam contratações fraudulentas ou proferem sentenças tendenciosas favoráveis a empresas ou indivíduos interessados. No âmbito da indústria farmacêutica, temos a ocultação, sabotagem ou não utilização de medicamentos e tratamentos eficazes contra alguma doença ou condição patológica, para, em lugar disso, usar medicamentos ou tratamentos que obriguem o paciente a comprar remédios ou usar seus equipamentos por longos prazos, em vez de facilitar ou promover sua cura. A indústria de agrotóxicos, talvez tão amplamente documentada quanto a farmacêutica, demonstra conflito de interesses quando utiliza princípios ou ingredientes tóxicos à vida humana, animal e vegetal para obter resultados imediatos melhores de mercado, sem se importar com as doenças e mortes de curto, médio e longo prazo que causam. Nesses dois últimos casos, há farta documentação de lobby que essas empresas fazem para ter respaldo legal de suas atitudes, como a liberação dos fármacos, tratamentos e agrotóxicos que produzem e comercializam. E ainda poderíamos elencar outros inúmeros exemplos, já que os conflitos de interesses não se restringem a esse ou àquele ramo produtivo da economia.

4 Conflito de Interesses e Serum Anticorrupção

O Brasil passa por um momento de desregulamentação do controle governamental sobre as forças econômicas semelhante ao que ocorreu nos Estados Unidos a partir do final da década de 1970 e início dos anos 80[5], o qual teve seu ápice, quanto às consequências, na crise norte-americana de 2008 — e, embora não tenha descontinuado, retomou notável força no governo Trump. A influente Escola de Chicago, que apregoa a desregulamentação como processo do fortalecimento da economia liberal, passa, agora, a assumir o comando da economia brasileira, declaradamente, por meio do ministro da Economia Paulo Guedes e de sua equipe, dentro da recém-inaugurada gestão do presidente Jair Bolsonaro. A despeito das tendências ideológicas e modelos de gestão econômica que cada escola traga, é evidente que o atual modelo de desregulamentação tende a favorecer os conflitos de interesses, como estamos assistindo na agência ambiental americana EPA e no Ministério do Meio Ambiente brasileiro (e entidades vinculadas), dentre outros órgãos e entidades dos dois países. No Brasil, estamos assistindo agora, por exemplo, a derrubada das restrições ao uso de agrotóxicos, com a permissão do uso de defensivos de empresas europeias que a própria Europa baniu de seu sistema produtivo agrossilvipastoril.

Todo cuidado é pouco na importação de modelos políticos, econômicos, sociais, ideológicos ou culturais para o país. Devem ser observados não apenas os modelos em sua intenção original e aplicabilidade geral, mas também as consequências de sua aplicação no local de origem e demais lugares que os adotaram. O entendimento do contexto brasileiro nesse "processo de importação" nos obriga ao

---

5   Sobre esse processo histórico, acurado acompanhamento está na obra de Robert Reich, *Supercapitalismo*, que será abordada várias vezes ao longo deste livro.

que Guerreiro Ramos denominou de redução sociológica[6], que, em termos gerais, significa pensar propostas de modelos concebidos fora do Brasil para o contexto brasileiro, rejeitando a ideia de um comportamento colonialista de "absorção direta e literal", reduzindo, assim, a proposta de seu contexto e intencionalidade originais e fazendo sua releitura diante de novo espaço-tempo nacional, de forma a compreender se seus desdobramentos seriam, de fato, o desejado a partir de sua adoção, uma autonomia interpretativa e decisória em lugar da imposição de "modelos de colonizadores".

Ao observarmos os impactos que essa desregulamentação tem causado na economia norte-americana ao longo das últimas quatro décadas, basta lembrarmos que, no dia em que a bolsa americana estourou com o escândalo dos bancos quebrados e do Esquema Ponzi revelado pelo então "gênio do mercado financeiro" Bernard Madoff, em 2008, havia apenas um agente fiscal para toda a bolsa de Nova York, a maior do mundo! A desregulamentação relacionada a setores econômicos brasileiros não pode abrir terreno para que interesses privados se sobreponham ao propósito de bem comum que deve direcionar as políticas públicas, sob o risco de aumentar a desigualdade diante de um aparente crescimento econômico que beneficie apenas partes — e, normalmente, as que detêm maior poder de influência quanto aos seus interesses.

Se, por um lado, a hiporregulamentação faz o cidadão "pagar pelo acidente", por outro, não é a hiper-regulação que garantirá um crescimento mais justo e igualitário. Se ela não for capaz de acompanhar o

---

6   Como dizia o próprio Guerreiro Ramos, "A redução sociológica é ditada não somente pelo imperativo de conhecer, mas também pela necessidade social de uma comunidade que, na realização de seu projeto de existência histórica, tem de servir-se da experiência de outras comunidades (...) É um procedimento crítico-assimilativo da experiência estrangeira" — Ramos, Alberto Guerreiro. A redução sociológica. Rio de Janeiro: Instituto Superior de Estudos Brasileiros (ISEB), 1958: pp. 44-46, apud Frederico Lustosa da Costa & Bianor Scelza Cavalcanti. Introdução: Pioneirismo e atualidade na obra de Guerreiro Ramos. In: CAVALCANTI, BIANOR SCELZA & COSTA, FREDERICO LUSTOSA DA (orgs.). Guerreiro Ramos: entre o passado e o futuro. Rio de Janeiro: FGV Editora, 2019.

ritmo das constantes e inesperadas inovações que constituem o cenário que o mundo, inclusive o Brasil, passa diante da Terceira Revolução Industrial — como as evidências demonstram —, não conseguiremos nem controlar nem direcionar o desenvolvimento para o bem comum também. Basta observar a dificuldade de se regulamentar aspectos relacionados à internet, a novos mecanismos do mercado financeiro, a redes sociais, a criptomoedas, ao big data gerado diariamente pela rede digital global que intersecciona milhares de dados pessoais com interesses e perfis de consumo. A regulação corre contra o tempo da *disrupção*: quando o Estado consegue regular determinada matéria originária de uma inovação disruptiva, novas disrupções já aconteceram no cenário da World Wide Web.

Nesse cenário, é importante que as empresas assumam uma postura e autocontrole ético para que não traspassem os limites de seu alcance e interação com o cliente ou usuário de seus serviços, e é aí que começa o desafio diante do "dilema de ser dois"[7]: atender ao interesse do lucro da empresa a qualquer custo ou à deontologia do exercício profissional, ao conflito de interesses ou à ética — tomando novamente emprestadas as contribuições do sociólogo Guerreiro Ramos. Da cultura pessoal à organizacional, o equilíbrio da empresa se dará ao conseguir o feliz encontro entre ética e lucratividade, pelo qual se podem atingir as métricas de reputação e de rentabilidade que a levam à permanência efetiva no mercado. Em outras palavras, atingir o bem presente em harmonia com a garantia do bem futuro.

Esse é o assunto que passamos a desenvolver.

---

7   *O dilema de ser dois*, poema do sociólogo brasileiro Guerreiro Ramos, em que o autor vê dentro de si a saudade do paraíso contrastando com a saudade da materialidade do mundo, contrastando assim o divino e o mortal, o puro e o pecaminoso. Ilustração para se mostrar o dilema diante do qual pode surgir o conflito de interesses.

A empresa

O foco deste livro é abordar o que é e como ocorre *o conflito de interesses no âmbito da empresa* e como lidar com ele. Para isso, optamos por fazer uma leitura sobre o tema a partir do filme *Trabalho Interno*, de Charles Ferguson[8], e a comentá-lo, principalmente, a partir de dois livros: *Supercapitalismo*, de Robert Reich (2008) e *O Fim do Poder*, de Moisés Naím (2013). O filme e os livros vêm corroborar, ao final, para o entendimento de *governança colaborativa* como uma saída por meio de uma cooperação saudável entre governo e empresa.

O que é a governança colaborativa? Como as empresas vão administrar a nova era da transparência? Por que existe uma corrupção endêmica em todos os países? Como essa corrupção foi ou está sendo resolvida em alguns países? Como as negociações entre empresa e governo são atrapalhadas pelos conflitos de interesses?

A governança colaborativa presume uma atuação entre os indivíduos (pessoas) e entre as coletividades (empresas, governo, organizações sem fins lucrativos) que supera o conflito de interesses nos relacionamentos institucionais em função do bem comum. Onde não há interesses conflituosos envolvidos, a transparência não é um problema.

Quando o conflito de interesses de um indivíduo ou de uma empresa se torna em um ato de corrupção, observamos um problema que envolve múltiplos participantes e toda a *hipercomplexidade* da governança colaborativa do mundo de hoje. Para melhor entender essa hipercomplexidade, elaboramos um mapeamento visual das relações entre os entes nela envolvidos, *a partir do ponto de vista da empresa*, sobre o qual desenvolvemos a percepção da ocorrência dos conflitos de interesse nos diversos âmbitos relacionais:

---

8   THE *Inside Job*. Direção: Charles H. Ferguson. [S.I.]: Sony Pictures Classics, 2010.

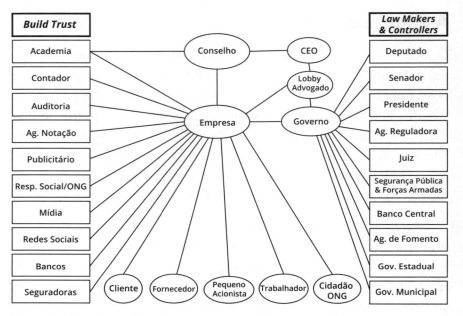

Figura 1. Mapa dos conflitos de interesses a partir da perspectiva da empresa.

Identificando e mapeando os conflitos de interesses a partir da empresa

Observando o esquema da figura anterior (1), tomemos a empresa como ponto inicial de um mapeamento de potenciais conflitos de interesses.

Toda empresa, para funcionar, precisa de recursos financeiros. A necessidade financeira de cada setor da empresa para executar suas atividades é reunida e apresentada no que se chama de *orçamento anual*. Assim, a empresa tem que negociar internamente com vários setores ou departamentos o famoso *orçamento* — a distribuição interna dos recursos financeiros totais destinados para que a empresa desenvolva suas atividades naquele ano. Nesse contexto, temos o departamento de recursos humanos (RH) que quer contratar pessoas e requer uma verba para isso; temos o departamento de marketing, que quer vender algo; temos o setor de pesquisa e desenvolvimento (P&D), que quer sua verba para fazer renovação de produtos; o departamento financeiro, que faz a contabilidade; o departamento jurídico, que quer contratar seus advogados e ter uma gestão; e, ainda, os departamentos de suprimentos, de logística e de responsabilidade social. Então, grosso modo, o organograma de qualquer empresa do mundo tem que *dividir um bolo*, e esse bolo é a *receita* que a empresa levantou a partir de empréstimo bancário, de recursos próprios e/ou de captação em mercado financeiro para realizar seu orçamento.

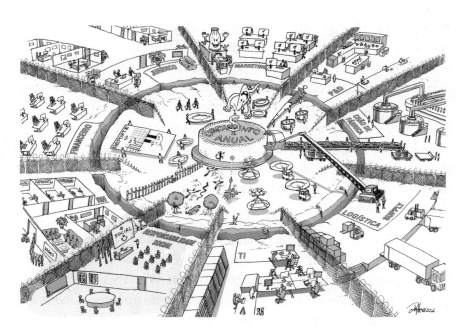

Figura 2. A disputa dos setores pelo bolo do orçamento anual da empresa.

10   Conflito de Interesses e Serum Anticorrupção

Nesse momento, a empresa tem suas arbitragens: por que dar mais importância ao setor de marketing que ao de suprimentos, destinando mais recursos a um do que a outro? Por que dar mais importância ao jurídico do que ao departamento de tecnologia da informação (TI)?

Aparece, então, a dificuldade das empresas de organizar as identidades, gerenciar os conflitos internos e administrar interesses estratégicos, ao tomar decisões como: esse ano a prioridade é o marketing, no outro ano é o jurídico, e, depois, será uma gestão de estoque com a logística.

Trata-se de uma geometria variável em função de um contexto. As empresas têm que administrar esses diferentes conflitos internos oriundos da disputa pela repartição do *bolo* (Figura 2), ao mesmo tempo em que, para funcionar, precisa de todos esses diferentes departamentos, que são muitas vezes isolados uns dos outros, ilhados, e não conseguem "quebrar os ovos para fazer uma omelete". Os departamentos não conseguem trabalhar juntos porque têm uma briga — a famosa briga do orçamento no final do ano, quando cada um vem mostrar que é o departamento ou setor mais importante e que merece "mais". E surgem todas as administrações em competição, um conflito de interesses.

Esse tipo de conflito está amplamente documentado na mídia. Vejamos o exemplo da Agência de Inteligência dos Estados Unidos (CIA) brigando com a agência espacial do país (NASA) pela liderança do orçamento de inteligência e espionagem do governo. Chegou-se a dizer que Edward Snowden, que trabalhou para a NASA, foi mandado pela CIA para vazar denúncias com a finalidade de descredibilizar a NASA e, em seguida, fugir para Hong Kong, na China, onde organizaria um falso escândalo. Como consequência, a CIA, órgão que conduz uma espionagem "mais humana", "à moda clássica", seria mais valorizada, e, por fim, conseguiria receber uma verba maior do

Conflito de interesses: mapeamento e diagnóstico   11

governo. A lógica por trás dessas atitudes seria a de que "quem grita mais alto" ou "quem sacaneia mais o outro" dentro da empresa (no caso, o governo estadunidense) talvez consiga benefícios políticos que se traduzam em financeiros no jogo interno de poder.

Duas teorias, duas perspectivas

Para analisar a questão, partimos da perspectiva teórica de dois livros — *Supercapitalismo*, de Robert Reich, e *O Fim do Poder*, de Moisés Naím. São duas grandes teorias que correm, aparentemente, em sentidos opostos, para tentar entender o jogo de poder no mundo de hoje. A abordagem teórica de Robert Reich corre no sentido de que as grandes corporações invadem o setor público pagando as campanhas eleitorais e os congressistas para fazerem leis a seu favor, a fim de aumentar sua vantagem competitiva no mercado. Já a abordagem de Moisés Naím, num outro sentido, reconhece que o grande poder governa, regula a democracia e faz seu o governo ("the big power rules"), mas que sua liberdade de movimento é cada vez mais limitada diante dos "pequenos exércitos" de mobilização, sejam eles sociais ou mesmo bélicos — como foi, outrora, o do Vietnã ou como é, nos dias atuais, o dos Talibãs nas montanhas afegãs, que tem resistido com tanto ou mais poder ao "gigante Golias" americano com seu exército de drones. Interessante que essa abordagem de Naím sobre os *micropoderes* conquistou até Mark Zuckerberg, criador do Facebook, que sugeriu *O Fim do Poder* como o primeiro livro para o clube de leitura que criou em 2015 em sua página naquela rede social. Zuckerberg, como poucos, tem observado a influência dos micropoderes levantados nas redes sociais.

Em seu livro, Naím argumenta que os gigantes são frágeis. Ele diz que há 80% de chance de uma grande empresa, como a Volkswagen ou a British Petroleum (a BP), uma vez envolvida em um escândalo, entrar em falência. Apresenta estudos que dizem que um CEO tem

80% de chance de perder o posto em cinco anos. Ele aposta muito mais no micropoder ou nos pequenos poderes, como o das ONGs que fazem escândalos na internet, para derrubar os gigantes estabelecidos. Observa, ainda, que outra situação vulnerável das grandes empresas é a de serem vítimas, a qualquer momento, de novas tecnologias — como ocorreu com a Kodak, empresa "todo-poderosa" que praticamente desapareceu do mercado em dois anos com o surgimento da câmera digital, ou como os poderosos estúdios de Hollywood, que hoje estão "comendo na mão" da Netflix, dentre vários outros exemplos que poderíamos citar.

Assim, temos a visão de Moisés Naím sobre o empreendedorismo, que é a dos micropoderes interferindo sobre a atuação dos gigantes (empresas e governo), e temos uma visão aparentemente oposta, a de Robert Reich, de que o mercado está entrando no governo e tem cada vez mais poder, tornando o cidadão, os pequenos, cada vez mais sem voz. Essa aparente contradição, entretanto, quando observada mais a fundo, permite constatar que as duas visões são coerentes e complementares, já que uma não precisa negar a outra: Naím, com sua obra posterior à de Reich, não nega a perspectiva deste quando apresenta a sua: tanto o mercado tenta controlar o governo, quanto os micropoderes se lançam contra o avanço das grandes corporações ou do controle estatal unilateral.

A luta interna

Consideradas essas duas perspectivas, busquemos entender agora os dois lados da empresa: o de dentro e o de fora, e de como ela busca *lutar para permanecer viva e se desenvolver* nesses dois ambientes.

Internamente, é preciso notar que existe uma luta política — para não chamar de financeira — de importância, que é a luta de poder dentro das empresas, que faz com que o CEO seja cada vez mais um diplomata articulador do que um executivo supremo no posto que exerce.

Esse papel diplomático faz com que o CEO da Globo aconselhe os jovens gestores do Facebook, do YouTube e do MySpace sobre como evitar que uma empresa fique engessada a ponto de o departamento de 3D não falar com o departamento de jornalismo, que não fala com o de suporte, e assim não conseguirem quebrar os ovos para fazer a omelete. Faz o Itaú abordar o mesmo assunto, em sua vez de se encontrar com eles — sobre como evitar que a empresa fique com os departamentos ilhados porque não conseguem trabalhar juntos, evitando o pensamento mesquinho de que "se eu te ajudar, talvez você se torne mais importante do que eu, ganhe muito prestígio e, ano que vem, terei menos bônus e menos orçamento".

É uma briga cujos conflitos de interesses nascem entre *o local e o global da empresa*, e a empresa tem que administrar a divisão desse bolo (Figura 2) para conseguir funcionar.

A luta externa

Para continuar existindo e produzindo, além de gerir os conflitos de interesses internos, a empresa precisa investir externamente na captação, manutenção e ampliação de seu mercado, e ela o faz por meio de um *exercício de influência* e de *construção de confiança*.

Como a empresa vai influenciar e construir a confiança? É um desafio.

Para conseguir exercer a influência e construir a confiança de que precisa para desenvolver o seu negócio, a empresa vai trabalhar com vários stakeholders[9], que vamos apresentar mais à frente.

---

9   Stakeholders, do inglês, "partes interessadas", são todas as pessoas que podem influenciar direta ou indiretamente a empresa em seu negócio. Podem ser as pessoas internas ou as externas a ela. Assim, como stakeholders, podemos citar desde o funcionário do serviço mais operacional até o parlamentar responsável por elaborar uma lei, passando por fornecedores, clientes, representantes de ONGs, de órgãos públicos licenciadores, de auditorias externas, a mídia etc.

14 Conflito de Interesses e Serum Anticorrupção

A empresa também terá que trabalhar outro item tão importante quanto a influência e a nfiança, que é a criação e a fiscalização das leis.

Para ilustrar a ocorrência dessa preocupação, resgatamos o que dizia um CEO da American Airlines: "É mais importante a American Airlines ter influência sobre as leis do que ter tecnologia própria"!

É nesse contexto que surge o lobby das empresas — uma atividade autorizada por lei nos Estados Unidos, mas proibida no Brasil e em muitos outros países — tema que abordaremos mais adiante.

Para existir, a empresa tem que lidar também com *estratégia*, e para isso ela tem um *conselho administrativo*. É esse conselho, nas grandes empresas, que nomeia o *board*[10], o qual costuma ser constituído com pessoas que devem *transmitir respeitabilidade e confiança*. Como Arthur Levitt escreve no livro feito com Warren Buffet, *Take on the Street. What Wall Street and Corporate America don't want you to know*: muitos membros de conselho são escolhidos para serem "Yes, man" em vez de serem "Watch dogs de check and balances". Já o conselho é, geralmente, constituído pelos grandes investidores (acionistas) da empresa, e muitos desses grandes investidores são representantes de fundos de pensão de outras grandes empresas, que investem nas ações daquela empresa e querem 10%, 20% de rentabilidade para pagar seus aposentados. A título de ilustração, temos o PREVI (fundo de pensão dos funcionários do Banco do Brasil) como um grande acionista da Companhia Vale do Rio Doce (CVRD, VALE) — um exemplo de um grande investidor que tem o poder de escolher o CEO de uma grande companhia. Quem escolhe o CEO da VALE, grosso modo, são o Bradesco e a PREVI, seus maiores acionistas, e eles escolhem as pessoas em quem acreditam. De outra forma, pode ocorrer também o caso de o CEO ter o poder de ações da empresa e formar um conselho

---

10 Do inglês, diretoria ou corpo diretivo.

Conflito de interesses: mapeamento e diagnóstico   15

de *amigos*, que chancelarão tudo o que ele faz. Isso pode inviabilizar a realização de *check and balances*[11] como medidas de poder que permitiriam contestar e retificar a *visão solitária* do CEO.

Um parêntese sobre a alta rentabilidade requerida pelos fundos de pensão pode ilustrar o que essa taxa representa no mundo dos investimentos em empresas de capital aberto. Podemos começar com o dado de que, hoje, 60% da riqueza do PIB dos Estados Unidos está concentrada nas mãos de 1% das pessoas do país, e que os "vencedores desse jogo" são os grandes acionistas, que obtêm 10%, 20% de rendimento anual em seus investimentos. Se nos voltarmos para a Alemanha, o grande problema no sistema de pensões é que as aposentadorias naquele país são feitas por capitalização, o que significa que o aposentado alemão, que antes contava com 20% anuais de rentabilidade da aposentadoria, não consegue mais essa taxa de remuneração, refletindo perdas em sua receita financeira. Considerando que os fundos de pensão têm tido dificuldade cada vez maior de manter rendimentos de 20%, obtendo margens progressivamente menores que essa, os aposentados são obrigados a aceitar taxas que simplesmente superam os 10%. Muito do sucesso desse rendimento recai sob a responsabilidade do CEO, que, por sua vez, sofre da vulnerabilidade de 80% de chance de perder seu posto de trabalho dentro de cinco anos, como nos aponta Naím.

Voltando aos conselhos, sua composição usualmente faz parte da estratégia empresarial de apresentar um *Club de Gentlemen* como uma face da empresa que alimente a confiança do mercado e represente a personalidade moral da empresa, conferindo respeitabilidade, governança e transparência, já que os acionistas majoritários que costumam

---

11 Do inglês, pode ser traduzido como "pesos e contrapesos". Conceito introduzido por Montesquieu na fiscalização que os três poderes fariam entre si, uma fiscalização recíproca. Aqui, pode ser entendido como pessoas de mesmo peso, no nível estratégico de uma empresa — como o CEO e os integrantes do conselho da empresa —, realizarem avaliações recíprocas na condução de decisões de alto nível.

compor ou indicar a composição dos conselhos de empresas pensam em investimentos de longo prazo, especialmente quando se trata de representantes de fundos de investimentos, que investem montantes assustadores (na casa do bilhão) por longo tempo. Ressalte-se que esse é um comportamento diferente do desejado pelos bancos. Bancos pensam em curtíssimo prazo e querem que os investidores invistam por apenas *33 segundos* nessas empresas[12], já que ganham sobre a quantidade de transações efetuadas e não pelo rendimento de cada uma.

Em resumo, a empresa tem que lidar com essas três estratégias: conseguir influência e gerar confiança para negociações; montar e manter um conselho capaz de mostrar respeitabilidade e uma estratégia; e garantir o respaldo legal ou *compliance* (Duzert, 2002), por vezes viabilizando a criação e a fiscalização favorável da lei.

Para alcançar esses objetivos estratégicos, a empresa tem que criar alguns *pilares de validação* de seu negócio. Como veremos, esse caminho costuma conter muitos vícios, por causa do exercício de conflitos de interesses também na busca de validação do negócio empresarial. Vejamos, então, que outros stakeholders a empresa pode acionar para criar esses pilares com o fim de fortalecer essas estratégias e os conflitos de interesses que podem surgir nessas relações.

---

12 Estudos mostram que o investidor na bolsa fica uma média de 33 segundos num investimento antes de passar para outro. Por isso, o banco (agente intermediário), que ganha sobre a quantidade de transações efetuadas no mercado de ações, não se preocupa com o rendimento de cada ação em particular, e, portanto, nem com as políticas de longo prazo das empresas alvos do investimento acionário.

Capítulo 1
Primeiro pilar

As estruturas privadas de validação externa (*build trust*)

Academia

O primeiro conflito de interesses pode ser observado quando a empresa escolhe *pagar* para aumentar a confiança e a influência. E um dos stakeholders que ela vai pagar vem da Academia.

Qual o papel do acadêmico nesse contexto? No filme *Trabalho Interno*, o ator Matt Damon (que faz a voz de background como narrador e entrevistador) expõe o caso do então presidente da Universidade Harvard, Laurence Summers, que ganhava algo como 200 mil dólares por ano como reitor da Harvard e um milhão de dólares, no mesmo intervalo, em honorários de consultoria, palestras de bancos e outras instituições financeiras, para validar a liberdade de atuação do setor financeiro privado americano (bancos e fundos), opondo-se à regulação do setor bancário pelo governo. Isso significa que ele usava seu "chapéu Harvard", isto é, sua vinculação a uma instituição acadêmica de renome, para fazer a validação de um interesse específico privado como se fosse uma opinião imparcial ou científica, mas que, na verdade, representava seu interesse em receber benefícios financeiros daqueles grupos privados. Esse é um exemplo típico de conflito de interesses que pode ocorrer em relação à Academia.

O filme mostra, ainda, o professor Rick Mishkin, da Universidade Columbia, que era pago pelos bancos para valorizar a privatização na Islândia e indicar a compra de ações de bônus dos bancos privatizados naquele país (ações essas que caíram posteriormente), de modo que o conflito de interesses era, de um lado, a ciência, e, de outro, receber um cheque importante.

Em *Supercapitalismo*, Robert Reich relata que a ExxonMobil e outras empresas de energia doaram 225 milhões de dólares em um acordo de dez anos para um "Projeto de Clima Global e de Energia" da Universidade Stanford. Em troca, o professor Lynn Orr, líder do projeto na universidade, apareceu num anúncio publicitário no jornal americano *The New York Times* colocando em dúvida a origem antrópica das mudanças climáticas globais, com o "selo validador" da Universidade Stanford no anúncio.

Se você der 225 milhões de dólares para que eu diga que não existe aquecimento global em alguns lugares do planeta, quem somos nós para dizer que não temos a tentação de nos comprometer? Talvez eu visualize o que Reich chama de *arranjos cômodos* e diga: "Bem, há algum aquecimento, mas não é bem assim. A Exxon pode fazer barbaridades no Equador, na Nigéria, mas também faz coisas boas — ela está investindo uns poucos mil reais em energia solar nesses lugares". Eu estarei, então, vivendo um conflito de interesses como acadêmico e como cientista.

Se as empresas de sementes transgênicas buscarem cientistas que aceitem remuneração para dizer que transgênicos não fazem mal à saúde, enquanto haja aqueles que não se vendem por isso, então se observa novamente o aspecto da firmação de *arranjos cômodos* da empresa com o meio acadêmico, a que chamamos de conflito de interesses.

Figura 3. O conflito de interesses do acadêmico.

O conflito de interesses do acadêmico pode se estender à sua inclusão e participação no board do conselho da empresa, e, aí, há o preço de uma Harvard, que foi chamada — como vemos no filme de Charles Ferguson — no board da AIG para validar a venda de títulos *subprime[1]*, os mesmos que levaram a empresa à quase falência e deram enorme prejuízo aos seus investidores, tornando-a uma das protagonistas da crise econômica americana de 2008.

No filme, o entrevistador pergunta ao professor de Harvard, membro do conselho da AIG: "Você não está arrependido de fazer proselitismo do subprime na época pré-crise, de ter engajado as seguradoras a comprar essas *coisas* que acabaram com a aposentadoria de muita gente[2]?" Silêncio.

O professor era remunerado para ser favorável à empresa. Ele vinha com o "chapéu Harvard", mas, como indivíduo, era muito bem pago como membro do Board — uma quantia generosa para participar das reuniões de diretoria do conselho e validar o que o CEO falava. Eis o conflito de interesses.

---

1   Em sentido amplo, *subprime* (do inglês *subprime loan* ou *subprime mortgage*) é um crédito de risco, concedido ao um tomador que não oferece garantias suficientes para se beneficiar da taxa de juros mais vantajosa, a qual se chama, em contraposição à *subprime*, de *prime rate*. Em sentido mais restrito, o termo é empregado para designar uma forma de crédito hipotecário (*mortgage*) para o setor imobiliário, surgida nos Estados Unidos e destinada a tomadores de empréstimos que representam maior risco de inadimplência. Esse crédito imobiliário tem como garantia a residência do tomador e sua taxa de juros inicial podia ser atraente (*teaser rate*), ou seja, inferior à taxa fixa de um empréstimo normal. Para os credores, os empréstimos *subprime* eram considerados como individualmente arriscados — mas, coletivamente, seguros e rentáveis. A estimativa de rentabilidade baseava-se em uma hipótese de alta regular do preço dos imóveis, o que vinha acontecendo nos Estados Unidos desde 1945. Assim, se um devedor se tornasse inadimplente, era sempre possível tomar sua casa ou propriedade e revendê-la com lucro, cobrindo, assim, o prejuízo da inadimplência e ganhando-se com a margem obtida na venda. Com a crise imobiliária americana de 2008, as casas tomadas por garantia não puderam mais ser revendidas com lucro, já que despencaram os preços dos imóveis e a crise econômica nacional que se instaurou diminuiu o poder de compra dos americanos, de modo que a ampla oferta e escassa demanda baixaram ainda mais os preços já depreciados. Com isso, os detentores dos títulos *subprime* tiveram enorme prejuízo. Fonte: Wikipédia e notas pessoais dos autores.

2   Entre os maiores investidores na aquisição de derivativos de títulos *subprime* estavam os fundos de pensão, que remuneram as aposentadorias dos americanos. A rentabilidade desses fundos está baseada em investimentos no mercado financeiro, em busca de alcançar a maior margem e o maior retorno remuneratório. Uma vez que a aquisição de derivativos de *subprime* terminou com a falta de retorno do investimento, muitas aposentadorias deixaram de ser pagas, levando, assim, problemas financeiros às pessoas e famílias que delas dependiam, o que retroalimentou o quadro de crise financeira na economia norte-americana.

Contador

A empresa pode resolver, ainda, pagar outro interlocutor para obter a confiança do mercado: o contador. No contexto do filme, encontramos as maiores empresas de auditoria contábil do mundo, conhecidas como as *Big Four*: Deloitte, PricewaterhouseCoopers (PwC), Ernest & Young (E&Y) e KPMG. E, falando em auditoria no contexto de conflito de interesses, não podemos deixar de resgatar a história de uma outra empresa que também foi de renome, a Accenture. Esta é a antiga Arthur Andersen, uma empresa de auditoria contábil que tinha mais de 80 anos de existência e que era contadora da Enron, empresa de energia elétrica focada em gás natural nos Estados Unidos, que chegou a ser a 7ª maior empresa americana por receita no início dos anos 2000, e que faliu súbita e catastroficamente em 2001 por problemas de má governança corporativa, repleta de fraudes contábeis e fiscais.

A Enron era a segunda maior cliente da Arthur Andersen no mundo, tendo chegado a pagar pelos serviços de auditoria contábil interna e externa a desconcertante soma de 52 milhões de dólares em apenas um ano — nas palavras do professor Alexandre Silveira, da Faculdade de Economia e Administração da USP, uma conta de um milhão de dólares por semana!

Após o escândalo das fraudes contábeis e fiscais da Enron (que incluiu a destruição orientada na Arthur Andersen dos documentos relacionados às auditorias realizadas na companhia), vieram à tona escândalos de fraudes contábeis de outras companhias que envolviam a empresa de auditoria, a qual veio a falir por perda de reputação, após causar um prejuízo de 300 bilhões de dólares para os investidores das empresas por ela auditadas.

Mas como uma grande empresa de auditoria contábil coloca em risco mais de 80 anos de sua respeitável reputação no mercado? Vamos simplificar com um exemplo hipotético do que teria ocorrido do lado de dentro da empresa ao longo do tempo.

Um dado inicial real é que a Enron contava com um andar inteiro com cerca de 100 auditores da Arthur Andersen durante o ano, além dos que trabalhavam na própria sede da empresa de auditoria. Mas imaginemos apenas alguns indivíduos: que ela tivesse ali dois ou três contadores que faziam as contas e as colocavam nos relatórios de auditoria, com o carimbo da Arthur Andersen como selo de sua validação neutra e objetiva, atestando a probidade moral da Enron.

Digamos que recebessem 200 mil dólares anuais para fazer o estudo contábil e emitir o relatório desde o primeiro ano. Mas no segundo ano de auditoria, os executivos da Enron trazem os relatórios do ano anterior e reclamam: "Ano passado, os números ruins ficaram muito evidentes aqui em cima. Vocês podem colocá-los mais embaixo, para pegar melhor para os nossos acionistas?", e os auditores respondem: "Ok, dá para fazer mais ou menos como o governo faz, escondemos um pouco o câmbio aqui, mexemos naquele valor ali dentro da caixa do banco de investimentos, fazemos um pequeno arranjo e pronto, conseguimos maquiar e embelezar um pouco as contas. Não se preocupem, isso não é fraude (ainda), é só deslocar os números para que eles pareçam bem".

No terceiro ano de auditoria, os executivos da Enron começam a se sentir mais livres e passam a dizer: "Sabe aqueles números ruins ali? Tirem". E aí surge o conflito de interesses. Os auditores pensam: "se nós não satisfizermos nosso cliente, as outras quatro grandes (Big Four) talvez façam isso por eles, porque todo mundo frauda na contabilidade, dos Estados Unidos ao Japão! Então, vamos fazê-lo". E eles o farão, quer por ganância, quer por medo de não ganharem os *stock cards*[3] ou para não ouvirem o chefe dizer: "O quê?! Vocês não

---

3 Forma de remuneração pelo trabalho em que o pagamento se faz não em dinheiro, mas com ações da própria empresa.

As estruturas privadas de validação externa (build trust)   23

satisfizeram nosso cliente?! Vocês nos fizeram perder o maior cliente dos Estados Unidos!", e serem mandados embora. Os contadores se veem num *tipping point*, ou "ponto de inversão", em que passam da legalidade para a fraude, e... cometem a fraude.

Por milhões de razões ou de conflitos de interesses, esses consultores passaram da "linha divisória". Como resultado, a Enron entrou em falência. A Arthur Andersen foi à falência pouco depois por causa da perda de credibilidade e teve que mudar seu nome para Accenture para recomeçar a empresa, porque ninguém mais confiava em números que podiam representar conflitos de interesses.

Esses não são problemas exclusivos de países do hemisfério norte. Quando uma das Big Four audita as contas de fornecedores de grandes empresas e bancos brasileiros e diz que os números são "bonitos", e que não se preocupa em saber se há um ou dois anos essas empresas fizeram esquemas de desvio de recursos financeiros para a esquerda ou para a direita partidária, temos um problema sério: a auditoria age de má-fé ao fechar os olhos sobre um passado recente e chancela aquelas empresas, dando um "título de nobreza" a quem não o tem — e, assim, ela cria o que chamamos de um *viés de confirmação*, isto é, uma confirmação falsa. Esses vieses de confirmação induzem ao erro e trazem danos diretos a contratantes e investidores, que acabam colocando em risco tanto seu investimento quanto sua reputação por conta das manchas e prejuízos que surgem em seus relacionamentos comerciais.

24 Conflito de Interesses e Serum Anticorrupção

Figura 4. Conflito de interesses do contador.

Isso tudo ocorre porque há uma busca cada vez maior pela *legitimação* de uma empresa ou de um negócio para atrair e manter investidores por um longo prazo. Mas o que acontece se um contador faz as contas propositalmente erradas da Petrobras e vem uma dessas auditorias de renome validá-las para o investidor de Wall Street? O que acontecerá se um professor, como eu, que paga para ter sua aposentadoria de professor, "ralando" de segunda a sábado, viajando para dar aulas em várias cidades, trabalhando a vida toda para fazer sua poupança ou pagar sua previdência, se vê sujeito a um contador que fraude ou atesta fraudes contábeis para enganá-lo ou ao seu fundo de pensão sobre um investimento? De repente, ele vê sua aposentadoria ser perdida por conta de uma fraude gigantesca: isso é um crime pesado, não é?

No Japão, o CEO da Nissan, o brasileiro Carlos Ghosn, foi preso juntamente com seu "braço direito" e membro do Conselho Administrativo da empresa, o americano Greg Kelly, e estão sendo processados pela suspeita de certificar relatórios financeiros que continham informações inexatas sobre os rendimentos do CEO[4]. Além das incorreções contábeis registradas no documento, sua validação pelo executivo-chefe é considerada crime pela lei japonesa, e tanto mais grave quanto for o tamanho da fraude.

Nesse contexto, o contador tem um conflito de interesses entre ser o cientista que vai olhar com frieza as contas de uma empresa ou ser o indivíduo beneficiário de vantagens pessoais em detrimento do bem comum. É como um médico que age com ética profissional para não operar um paciente que não tem um problema tão grave no joelho, ou, ao invés disso, por ganância talvez, escolhe ser antiético e o opera. E temos aí o modelo de um profissional que deveria ter um pensamento isento, um "véu da ignorância" e pensar o bem público, o bem de todos, e não seu bem particular, mas cede a uma situação de conflito de interesses.

Agências de notação ou de classificação de risco de crédito

A empresa também pode buscar outra instituição que lhe atribua confiança, que é a agência de notação financeira (como é conhecida em Portugal) ou de classificação de risco de crédito (termo adotado no Brasil). Antes da crise financeira americana de 2008, as agências de classificação de risco emitiam notas para empresas e governos interessados, notas essas que mediam a capacidade da empresa ou do governo de liquidar suas dívidas e compromissos financeiros. As notas

---

4 Agência France Press. *Saiba mais sobre o caso Carlos Ghosn*. Disponível em: <https://www.em.com.br/app/noticia/internacional/2018/11/22/interna_internacional,1007385/saiba-mais-sobre-o-caso-carlos-ghosn.shtml>. Acesso em: 18 fev.2019.

emitidas tinham como expressão de valor máximo de confiança o chamado "triplo A" ou "AAA".

Na véspera da falência da Enron (2001) e da AIG (2008), ambas as empresas tinham um AAA, um triplo A, como nota de risco. Por quê? Porque as *Big Three* lhes atribuíram notas altas. As Big Three são as três maiores agências de classificação de risco de crédito do mundo — Fitch Ratings, Moody's e Standard & Poors (S&P) —, formando quase um oligopólio de agências de classificação, já que, em dados do ano de 2013, detinham cerca de 95% desse mercado — as duas últimas, 40% cada uma e a primeira, 15%. Essas agências não saem avaliando espontaneamente; precisam ser contratadas pela empresa, país ou qualquer entidade pública ou privada que deseje ser avaliada. Com isso, torna-se evidente que o conflito de interesses surge porque a própria empresa ou estado contratante busca sua avaliação e talvez esse tenha sido o fator chave da ocultação da realidade financeira das empresas, dos bancos e dos produtos financeiros que foram avaliados como de excelência à véspera de seu colapso financeiro.

A empresa precisa *seduzir* utilizando-se da confiança do parecer legal sobre a contabilidade e precisa parecer não ter risco para o investidor. Assim como no caso de conflito de interesses do contador, vamos ilustrar como ocorreria o conflito de interesses nas agências de classificação de risco. Também é necessário ver a psicologia dos atores em relação à aversão ao risco e propensão ao risco de perdas (Arrow; Mnookin; Ross; Tversky; Wilson; Duzert; 2011).

Digamos que uma empresa interessada em sua classificação de risco (a AIG, por exemplo) ou na classificação de seu produto financeiro (um título *subprime*, por exemplo) pague a uma agência de classificação de risco 200 mil dólares para fazer um estudo da empresa ou do título financeiro que ela deseja comercializar. A agência, após realizar os estudos, vê que a empresa ou seu título não vale um AAA (tipo

As estruturas privadas de validação externa (build trust)

uma nota 10), mas que ela vale algo como B (uma nota 7). O que pode acontecer? O executivo da empresa pode pensar: "Puxa, essa agência foi severa comigo, não me deu um AAA". Então, no ano seguinte, o executivo chama outra das três e diz: "Veja, a agência tal me avaliou com uma nota ruim; eu gostaria de ver se vocês são melhores para me avaliar". E a nova agência responde: "Claro! Vamos olhar seus dados com carinho"; e, ao final, colocam um AAA na avaliação da empresa ou do produto financeiro. Nesse momento, a agência do ano anterior vê e diz: "Perdi o cliente!", e entra num conflito de interesses também: "Vou ter sempre que dar AAA para as empresas que me procurarem, senão vou perder dinheiro!" Bem, isso foi o que aconteceu e virou uma roda-viva.

Por decorrência, houve uma *inflação brutal de AAA* nos Estados Unidos. Às vésperas de 2008, quase todas as empresas envolvidas na crise eram AAA, apesar de terem dívidas colossais. As agências de classificação de risco foram responsabilizadas civil e criminalmente por conta desses conflitos de interesses e suas consequências. Isso está amplamente relatado no filme *Trabalho Interno*.

Publicidade

A empresa busca exercer influência e gerar confiança também pela publicidade: chega com sua verba de 10 milhões de dólares e contrata uma campanha de publicidade para o subprime. Digamos que eu seja o publicitário a ser contratado. A empresa vem me propor 10 milhões de dólares para vender subprime, para vender cigarro, para vender amianto. Penso: "Não é meu problema; a responsabilidade é da empresa contratante. Eu sou publicitário, então vou vender amianto, cigarro, subprime, tanto faz. Vou chamar um ator que vai parecer bacana, como o Robert Wagner[5], que confirmará algo como: 'para a segurança de sua família, invista no subprime'".

---

5   Ator americano que estrelava a série *Casal 20*, na década de 1980.

Estarei vendendo a minha alma por 10 milhões de dólares. Talvez eu não pesquise o produto, não queira saber se é bom ou seguro, não queira saber se amianto, cigarro ou subprime é ruim. O importante é fazer um faturamento. A confiança que a sociedade me dá como bom publicitário pouco importa, porque não sou eu, são eles. E vou receber esse dinheiro, porque se eu não fizer essa publicidade, terei um conflito de interesses: os outros vão fazer. Podem me perguntar: e a responsabilidade?

Durante os procedimentos de inquérito sobre a crise de 2008, o congresso americano chamou para depor alguns banqueiros da Merrill Lynch, do Goldman Sachs e dos demais bancos americanos envolvidos na manipulação da venda de créditos subprime. Um senador mencionou uma troca de e-mails em que um dos banqueiros dizia para outro: "Subprime é um produto *crap*". Crap, em inglês, significa *porcaria*, algo de qualidade extremamente ruim. É um termo muito forte. E o senador arguiu um desses banqueiros, dizendo: "Como você vende para seus clientes um produto 'crap'?" E a justificativa do banqueiro bandido foi: "Não, senhores senadores, isso é normal. É o jogo do mercado. Se eu como um sanduíche e o deixo na minha mesa mofando durante uma semana, mas você quer comê-lo, a responsabilidade é sua, não é minha". Em outras palavras, o banqueiro mostrou que o que se tem a fazer para "resolver" o conflito de interesses internamente é mentir a si próprio, se autodesvincular, esquecer que as pessoas tomaram a decisão errada porque foram, por ele, induzidas ao erro, e não por uma decisão consciente.

ONGs

A empresa também pode buscar validação de sua responsabilidade social por meio de arranjos cômodos com organizações não governamentais — ONGs. Na década de 1990, o Greenpeace foi destaque nas mídias televisivas com as ações de ativismo promovidas junto a empresas ou empreendimentos que consideravam danosos ao meio ambiente, e conseguiram a afiliação de milhares de pessoas naquela época. As empresas começaram a perceber as ONGs ambientais emergentes e, desde então, para validar seus negócios de responsabilidade socioambiental questionável, passaram a financiar projetos e realizar parcerias com essas ONGs. Podemos citar, como exemplo, a parceria entre a Bunge e a The Nature Conservancy, ou os editais de financiamento da Monsanto, da Vale ou da Petrobras a projetos do terceiro setor.

Isso não significa que haja conflito de interesses necessariamente nessas parcerias ou financiamentos, mas uma empresa que tem como carro-chefe a produção de transgênicos se aliar a uma ONG voltada para a conservação da biodiversidade deve indicar a busca de uma melhora da imagem institucional quanto ao impacto ambiental e social de suas atividades produtivas. Da mesma forma, tanto a Vale quanto a Petrobras estenderam sua política de responsabilidade social para o financiamento de projetos do terceiro setor, com editais voltados para projetos ambientais e socioambientais. De alguma forma, alguns desses projetos impactam positivamente os locais e comunidades onde são executados, mas é preciso entender que a responsabilidade social da empresa tem seus limites pela própria natureza e razão de existir das empresas, e se justifica, de alguma forma, mais na necessidade que a empresa tem de sobreviver no mercado do que em alguma espécie de altruísmo institucional.

Há, também, o lado sombrio dessa situação. Certa vez, recebi o diretor de responsabilidade social da Vale[6]. A empresa ficou muito aborrecida porque uma ONG a elegeu na internet a pior empresa do mundo em 2012. Ao investigar o ocorrido, a diretoria recebeu a informação de que a ONG que fez esse ranking era financiada pelos concorrentes. Fato ou não, isso significa que, amanhã, posso inventar um rumor *qualquer* e pagar uma ONG *qualquer* para fazê-la dizer *qualquer* coisa. E você e eu vamos reportar essa palavra e dizer aos quatro ventos que a Vale é a pior empresa do mundo, enquanto ela tem a sua responsabilidade social e realiza seus incentivos à conservação ambiental e à proteção social, provavelmente em nada a desejar às suas concorrentes. Certamente, depois dos acidentes da Samarco (da Vale e da BHP Billiton) e da Mina do Córrego do Feijão (também da Vale)[7], o assunto interno tomou outra tônica.

Seja pela fama ou pelo poder da infâmia, a empresa considera a ONG um ator importante de ser gerenciado no tabuleiro do mercado, no mínimo bem observado, talvez trazido para o lado e, no caso pior e mais extremo, comprado como aliado para aumentar desonestamente a sua fatia de mercado ou tentar diminuir a do seu concorrente. Mesmo que esse seja um dos fatores que tenha diminuído a credibilidade das ONGs no cenário mundial nos últimos 20 anos, o relacionamento com as ONGs ainda é uma pauta relevante.

---

6   Companhia Vale do Rio Doce, ou CVRD, empresa brasileira de mineração que, outrora pública, tornou-se de capital aberto.

7   Trata-se, em ambos os casos, de rompimento de barragem de rejeito de mineração no estado de Minas Gerais: o da Samarco, no município de Mariana, em 2015; e o da Mina do Córrego do Feijão, em Brumadinho, em 2019.

Mídia

Além da Academia, do contador, das agências de classificação de risco, da publicidade e das ONGs, a empresa precisa buscar o apoio da mídia. Nesse contexto, a mídia já é a fonte final de informação ao consumidor.

A vulnerabilidade da mídia reside no fato de que ela pode também ser comprada pela empresa. Há vários ocorridos desse no mundo. A General Motors, por exemplo, é dona da emissora de TV NBC, nos Estados Unidos — para se ter uma ideia de proporção, é como se a Eletrobras, no Brasil, fosse a dona da Globo. À época da explosão da central nuclear da usina de Fukushima, no Japão[8], se você ligasse a televisão nos Estados Unidos e ouvisse o âncora do telejornal da NBC falar mal da energia nuclear, opinando que é preciso parar com seu uso, sendo que a GE é um fornecedor de equipamentos para geração desse tipo de energia, podia ter certeza de que esse jornalista não ficaria muito tempo na redação. Logo o acionista telefonaria para a emissora e questionaria: "Quem é esse jornalista que fala mal do negócio do acionista?", e, no dia seguinte, o profissional estaria na rua. Qual foi, então, a linha de conduta da NBC quando ocorreu o desastre? Foi algo nestes termos: "Aviões caem, central nuclear também pode explodir; não vamos parar de voar nem de produzir energia nuclear por causa disso". Enquanto isso, na Alemanha, a chanceler Angela Merkel, que é física e doutora em química quântica, decidiu por encerrar o uso de energia nuclear e o país assinou um pacto para cessar o funcionamento de suas usinas até o ano de 2022.

Na França, o dono do grupo Louis Vuitton e Moët-Hennessy (LVMH), e também dono da Christian Dior, Bernard Arnault, comprou o jornal *Les Échos*, similar ao *Valor Econômico* editado no Brasil. Será muito difícil o leitor achar, numa edição do *Les Échos,* algum

---

8   Acidente ocorrido em março de 2011.

artigo falando que a marcas de bolsas de luxo produzem suas peças "artesanais" de couro por subcontratação em casas fechadas com trabalhadores ilegais na Itália, sem direitos trabalhistas ou remuneração mensal continuada, submetidos a abusos e más condições de trabalho[9]. O programa *Cash Investigation,* da TV pública francesa France 2, produziu uma série intitulada *Luxe, le dessous choc*[10] (*Luxo, os choques abaixo,* em tradução livre), exibida em outubro de 2018, em que a repórter Zoé de Bussière investiga a cadeia produtiva da indústria do couro para as marcas de luxo francesas. Além do submundo do emprego de imigrantes africanos e asiáticos na Itália, a jornalista visitou, como representante de uma falsa empresa de vestuário criada para esse fim, as fazendas de animais na China, com um assustador mercado de mais de 70 milhões de animais mortos por ano, os quais são criados sem condições de higiene ou saúde e mortos com crueldade. E isso não muda quando falamos dos grupos de produtos de luxo concorrentes. A Kering, que tem a revista francesa *Le Point,* maior concorrente do grupo LVMH, detentora de marcas como Gucci e Yves Saint Laurent, além de participar da mesma cadeia do couro, utiliza estratégias de evasão fiscal para diminuir os impostos sobre seus produtos por meio de uma subsidiária instalada na Suíça, para onde todos os produtos são enviados antes de serem encaminhados para suas lojas na França. Embora, de 2002 a 2018, cerca de 2,5 bilhões de euros tenham sido desviados como impostos devidos à França, a "Receita Federal" francesa não tinha aberto, até o ano passado, nenhuma investigação — bem como as autoridades italianas ignoraram os relatórios dos fiscais de trabalhos que atuam na Itália.

---

9   MARLIER, FANNY. *Sous-traitance, ouvriers malmenés, maltraitance animale… « Cash Investigation » a enquêté sur le luxe.* Disponível em: <https://www.lesinrocks.com/2018/10/09/actualite/medias-actualite/sous-traitance-ouvriers-malmenes-maltraitance-animale-cash-investigation-enquete-sur-le-luxe/>. Acesso em: 28 abr. 2019.

10   *Cash Investigation, Série « Luxe, les dessous chocs ».* France TV. Disponível em: <https://www.francetvinfo.fr/replay-magazine/france-2/cash-investigation/cash-investigation-du-mardi-9-octobre-2018_2948679.html>. Acesso em: 28 abr. 2019.

As estruturas privadas de validação externa (build trust) 33

Temos, então, um conflito de interesses da mídia com seu capitalista, seu dono ou sua empresa patrocinadora. O problema do jornalista, diante desse conflito de interesses, é que ele pensará duas vezes antes de agir de acordo com a ética de sua profissão, sob o risco de perder seu sustento e ver as portas do mercado de trabalho se fecharem. A deontologia do jornalista é a de verificar os fatos, mas, novamente, surge o conflito de interesses.

Outro caso recente que expôs o conflito de interesses entre mídia e empresa é o de Jeff Bezos, dono e CEO da Amazon, dono do Washington Post. Em fevereiro de 2019[11], o empresário tornou públicas as chantagens que estava recebendo de representantes da American Media, agência de notícias responsável pelo jornal sensacionalista *The National Enquirer*. Na mesma semana em que o tabloide publicou 11 páginas a respeito de um caso extraconjugal de Bezos, logo após o anúncio de seu divórcio, o empresário publicou em uma rede social os e-mails que recebera de advogados da agência propondo um acordo de pagamento sigiloso para que não fossem publicadas fotos do caso. Em vez de se esconder atrás da possibilidade do escândalo, Bezos preferiu expor os bastidores das agências de mídia que se utilizam dos veículos de informação para fins de interesses espúrios, que fogem à ética e às boas práticas jornalísticas.

Redes sociais

Há, entretanto, um instrumento mais poderoso hoje: se eu conseguir pagar para que um jornalista fale bem de algum livro meu em alguma revista de abrangência nacional ou em algum jornal local, o leitor sofrerá a influência de um profissional com autoridade e suposta credibilidade. Mas nada será melhor do que ter 10 mil, 100 mil curtidas no

---

11 IstoÉ Dinheiro. *A íntegra do post de Jeff Bezos em sua guerra contra uma chantagem*. Disponível em: <https://www.istoedinheiro.com.br/1077922-2/bezos/americanmedia/nationaenquirer>. Acesso em: 12 de fev. 2019.

34 Conflito de Interesses e Serum Anticorrupção

Facebook! Hoje, as pessoas acreditam mais nas redes sociais do que no jornalista. A confiança não é mais no juiz ou no professor — ela está na rede, no coletivo.

Por isso, as empresas investem, hoje, nas redes sociais com o intuito de manipular a opinião e conseguir influência. Posso comprar 10 mil curtidas para o meu livro *Newgotiation*[12], e alguém pode ver e pensar: "Opa! 10 mil curtidas? Esse livro é nota 10! Vou comprar". Isso pode gerar um impacto comercial bem melhor do que um jornalista solto que possa escrever um artigo de qualidade sobre o *newgotiation*.

Da mesma forma, podemos resgatar o exemplo da ONG que publicou na internet a "escolha" da Vale como pior empresa do mundo — e como as redes sociais disseminaram rapidamente a notícia, como se a difusão fosse a validação de seu conteúdo.

Essa é a manipulação possível pelas empresas na internet com as guerras de rumores. Eu posso lançar um rumor, por exemplo, de que você mantém trabalho infantil em sua empresa — basta um professor da FGV colocar hoje no Facebook que tal empresa tem trabalho infantil e obter mil, 10 mil "descurtidas" na postagem, que amanhã você já estará com dezenas ou centenas de pessoas protestando na porta de sua fábrica, dizendo que sua empresa é a pior do mundo e que não terão sequer checado a procedência da informação.

Para percebermos a importância das redes sociais aos olhos empresariais, basta nos lembrarmos da época em que começaram a ocorrer suicídios na Foxconn[13], fabricante chinesa dos dispositivos eletrônicos da Apple, e as redes sociais começaram a falar dos trabalhadores "se matando", passando a associar a Apple ao "capitalismo neocolonial"

---

12 DUZERT, Yann. *Newgotiation: Newgociação no cotidiano*. Rio de Janeiro: Newgotiation Publishing, 2017.

13 FARINACCIO, Rafael. *Uma visita na "fábrica de suicídios" da Apple na China*. Disponível em: <https://www.tecmundo.com.br/apple/118036-visita-fabrica-suicidios-apple-na-china.htm>. Acesso em: 25 abr. 2019.

ou "neoliberal selvagem". Como você passaria a conviver com o seu dispositivo Apple ao ter a impressão de que está sendo responsável por pagar a um trabalhador chinês 50 dólares por mês, que ainda é obrigado pela empresa a assinar uma "cláusula de não suicídio"[14], ao mesmo tempo em que sente cooperar para a Apple manter seus 90 bilhões de dólares nos paraísos fiscais, e seu dono, Tim Cook, receber seus bilhões em remuneração por ano?

Os rumores ("buzz") viralizaram e fizeram com que Tim Cook "voasse" até a China para apagar esse "incêndio" rapidamente. A chance de a Apple ser associada à exploração laboral e ao suicídio na China poderia macular a satisfação dos consumidores, de tal modo que não desejassem se corresponsabilizar com a empresa, o que geraria queda nas vendas e no valor global da marca.

As redes sociais, portanto, têm suas vantagens de transparência e capilaridade, mas têm também o problema de que quase ninguém verifica a veracidade ou a integridade da informação que se produz ali. E, assim, as redes ficam vulneráveis ao lançamento e à difusão de quaisquer rumores a qualquer momento, o que é muito difícil de se evitar e, mais ainda, de se controlar. Apesar disso, as empresas ainda veem como inevitável investir nas redes sociais.

Responsabilidade social

Outro fator que as empresas utilizam para seduzir, atrair, influir e gerar confiança é a responsabilidade social, que também inclui a ambiental, chamando-se, por vezes, de responsabilidade socioambiental.

Uma grande empresa de mineração como a Vale, por exemplo, investe 500 milhões de reais para fazer o que pode ser chamado de

---

14 MORENO, João Brunelli. *Funcionários da Foxconn na China têm que assinar "cláusula de não suicídio"*. Disponível em: <https://tecnoblog.net/64348/funcionarios-da-foxconn-na-china-tem-que-assinar-clausula-de-nao-suicidio/>. Acesso em: 25 abr. 2019.

massagem nas comunidades locais: patrocínio de um festival cultural como forma de demonstrar que valoriza o folclore ao redor da mina; ajuda ao prefeito local para conseguir a licença ambiental de um empreendimento municipal; construção de habitações populares ao redor da mina, um hospital e uma escola — que promovem a reeleição do político local e também diminuem a chance de haver algum problema de rebelião da população ao redor da mina, além de evitar que um jornalista "cri-cri" venha a interferir.

A responsabilidade social ou socioambiental não deixa de fazer o bem, mas é preciso entender que se trata muito mais de uma espécie de "altruísmo interesseiro": é bom fazer habitação popular, escola, promover a identidade local com atividades culturais, mas isso também faz a empresa que investe atenuar ou evitar conflitos, melhorar sua imagem comercial e poupar dinheiro, isentando-se de cobranças no imposto de renda (10% no Brasil, chegando aos 50% nos Estados Unidos) — e a empresa ainda passa por Madre Teresa de Calcutá!

Isso está longe de ser exclusividade da Vale. Oprah Winfrey, a mais famosa apresentadora de TV norte-americana, quando ganha milhões de dólares com a promoção de uma campanha beneficente, toma esse dinheiro doado — cujos impostos poderiam favorecer o saneamento de Chicago, o hospital público de Chicago ou a escola pública de Chicago — e os deposita em sua fundação, que acumula, digamos, 20 milhões em fundos. Desses, digamos que utilize cinco milhões ou quanto tenha sido o custo para dar assistência a meninas carentes acolhidas por sua fundação na África do Sul. A apresentadora leva alguma celebridade para conhecer o projeto da fundação em seu jato particular — emitindo mais CO_2 do que qualquer pessoa em voo comercial —, e, chegando lá, vai dizer com misericórdia: "Vejam, vim aqui no meu belo jato, mas paguei cinco milhões para fazer uma escola para essas meninas". E o mundo inteiro vai falar de Oprah

As estruturas privadas de validação externa (build trust)   37

como a Madre Teresa do mundo, o que vai fazer com que as marcas a contratem, levando-a a ganhar, talvez, muito mais do que 20 milhões com a marca veiculada.

Repito, não é que não haja boa vontade nessas ações. Refiro-me ao fato de que a responsabilidade social ou socioambiental é um investimento que costuma ser planejado para gerar um retorno — de publicidade, de marca, de agregação de valor empresarial ou pessoal. Isso pode nos conduzir a pensá-la como uma *farsa* da boa vontade, baseada numa enganação de símbolos, cheia de contradições. Ao observarmos, por exemplo, o Papa falar que todas as igrejas devem receber os refugiados da Síria, entramos em conflito quando, de um lado, vemos o Papa andando num carro muito humilde, e, de outro, ao visitar o Vaticano, encontramos expostas centenas e milhares de obras de arte de altíssimo valor comercial, como quadros de Rafael, Rembrandt e Da Vinci, cujo valor de venda de apenas um deles resolveria os problemas de acolhimento de todos os refugiados da Síria. Não estaríamos diante de uma situação de má-fé, de mentir a si próprio?

Vemos Bono Vox, líder da banda irlandesa U2, promover esse mesmo tipo de responsabilidade social, ao falar que os Estados devem quitar a sua dívida com a África. Essa gentileza do cantor é muito bem-vinda, até o primeiro jornalista perguntar se ele paga seus impostos: não, ele não paga. O U2 está baseado na Holanda, que é um paraíso fiscal para as bandas musicais. É muito fácil pedir aos Estados para fazerem esse esforço quando se guarda seu dinheiro livre de tributos (que retornariam aos Estados) para ir de Jato para Èze, no sul da França, curtir a sua casa de bilionário e almoçar no Four Seasons Grand Hotel de Saint-Jean-Cap-Ferrat. Podemos nos questionar se existe coerência, "double standards", manipulação da opinião pública, compromisso com a sociedade e, ao final, conflito de interesses.

Há pouco tempo, em uma conversa que tive com o cônsul da França no Brasil, convidando o Embaixador da Responsabilidade Social, ele concordou comigo quando lhe relatei meu parecer ao ter visto as grandes empresas francesas cosméticas e farmacêuticas no Brasil promovendo cursos de manicure para moradores da favela, colocando-se como "empresas generosas". Sugeri a ele que, talvez, fosse melhor prioridade adotar uma estratégia de remuneração mensal para essa pessoa comprar material escolar para seu filho e mantê-lo alimentado e estudando, e para escolher fazer um curso de manicure, cabeleireira ou outro que lhe conviesse — seria mais educativo e teria efeito mais prolongado do que aquela aparente promoção de bondade.

Diante disso, vemos que a responsabilidade social acaba sendo tratada como uma grande maquiagem — e precisamos ter cuidado tanto para não nos vitimarmos dela como também para não a promover como tal. Nem todos agem de má-fé e, de fato, pode haver alguns benefícios efetivos, mas ainda prevalece como motivação o conflito de interesses.

Sob esse aspecto, é extremamente curioso — praticamente uma comédia — que as empresas envolvidas na Operação Lava Jato[15] falem de governança colaborativa ou de carta de ética na televisão e na internet, já que, como nos mostram os autos dos processos judiciais, elas raramente são respeitadas. Escrever uma carta de ética é uma coisa, cumpri-la é outra. A fiscalização do Estado deveria fazer o seu trabalho para evitar que as empresas fiquem apenas falando, sem cumprir o que dizem ou escrevem.

---

15 Operação Lava Jato: operação de investigação e desmonte de grandes esquemas de corrupção e lavagem de dinheiro no Brasil, iniciada no ano de 2014 e conduzida conjuntamente pela Polícia Federal, pela Receita Federal e pelo Ministério Público Federal, com apoio e posterior encaminhamento para a Justiça Federal. Em andamento ainda na data de publicação deste livro.

Bancos

Usualmente, a empresa busca linhas de crédito no mercado para complementar ou levantar totalmente sua receita e cumprir seu planejamento anual, seu orçamento. Para isso, ela recorre ao financiamento dos bancos e instituições de crédito. Existem diversos tipos e linhas de crédito para os mais diferentes tipos de negócio, com as mais variadas taxas de juros, carências, prazos de pagamento, garantias, carga tributária incidente etc.

O conflito de interesses nesse contexto pode dar-se de vários modos, mas surge, comumente, quando operações bancárias são simuladas, quer como tomada de crédito simulada, quer como simulação de quitação de crédito, com finalidades que variam desde a apropriação indébita de capital (pegar emprestado sem devolver, mas fingir que devolveu) até a lavagem de dinheiro (fingir que aplicou o crédito e obteve payback e lucro de seu negócio, mas, na verdade, não houve investimento e a dívida foi paga com dinheiro de origem ilícita, como se oriundo de negócio trivial). Para mencionar um caso de grande vulto, a Operação Lava Jato chegou a apontar o envolvimento de 13 bancos, entre nacionais e estrangeiros[16], em operações e movimentações financeiras que caracterizam ocultação da origem ilegítima (suja, criminosa) do dinheiro, que é o que define o dinheiro como "lavado". Esses bancos teriam se reunido para financiar o grupo empresarial Schahin para construção do navio sonda Vitória 10000, cujo contrato foi superfaturado e obtido a partir de licitação fraudulenta com a Petrobras, sendo que parte do dinheiro excedente (superfaturado) teria como destino o financiamento da primeira campanha eleitoral da ex-presidente Dilma Rousseff. O arranjo institucional *cômodo* para

---

16 Agência Estado. *Lava Jato investiga 13 bancos por crime de lavagem junto com grupo Schahin*. Disponível em: <https://www.correiobraziliense.com.br/app/noticia/politica/2016/01/11/interna_politica,513516/lava-jato-investiga-13-bancos-por-crime-de-lavagem-junto-com-grupo-sch.shtml>. Acesso em: 28 abr. 2019.

o Grupo Schahin fazer o pagamento da dívida e para as instituições financeiras a receberem constituiu-se de trâmites em subsidiárias das duas partes localizadas fora do país, em paraísos fiscais. Investigações posteriores da Lava Jato revelaram que esses esquemas de lavagem de dinheiro não se restringem a partido ou ala ideológica, como mostram membros do alto escalão de partidos aliados e concorrentes ao da ex-presidente que estão sendo indiciados, tornaram-se réus ou já foram presos pelos estados de Minas Gerais, Rio de Janeiro, Paraná, Piauí, Pará, Roraima e São Paulo, dentre outros.

Seguradoras

Para falar dos conflitos de interesses relacionados às seguradoras, talvez o escândalo da AIG seja o mais atual e conhecido no mundo. Inserido no contexto da crise econômica americana de 2008, a seguradora vendeu a investidores do mercado financeiro pacotes de créditos subprime na forma de derivativos chamados Obrigações de Dívidas Colateralizadas (CDOs) — os quais, curiosamente, receberam nota AAA pelas empresas de classificação de risco de crédito. Quando o índice de inadimplência dos créditos subprime atingiu o nível do colapso, a seguradora foi à falência por não poder quitar os compromissos com os investidores, como mostra o documentário de Charles Ferguson que temos abordado neste livro. Assim como a AIG, outras empresas de seguro securitizadas quebraram com o mesmo esquema. Como nos bancos, deveriam ter um dever moral e legal de fiduciária e não apenas mercantil, assim o conflito de interesse.

Até aqui, identificamos e caracterizamos o primeiro pilar, a que chamamos de *Build Trust*, ou pilar de Construção da Confiança, composto das estruturas privadas de validação externa da empresa e de seu negócio: Academia, contador, agências de risco, publicitários,

As estruturas privadas de validação externa (build trust) 41

ONGs, mídia, redes sociais, responsabilidade social, bancos e seguradoras, dos quais a empresa se utiliza para seduzir o consumidor, o acionista, o trabalhador, o cidadão como indivíduo ou socialmente organizado, atraindo-os para o universo da empresa por meio de atitudes conduzidas por conflitos de interesses. A empresa divide seu "bolo" (Figura 2) com todos aqueles atores, que também se deixam agir por conflito de interesses — "200 mil para cá", "200 mil para lá", e assim por diante.

Capítulo 2
Segundo pilar

As estruturas públicas de validação externa: o governo (*law makers & controllers*)

O lobby

A empresa também entende que precisa validar seu negócio junto ao setor público. Assim, ela escolhe "passar um dinheiro a mais" para o governo. Como isso se dá? Formalmente, o governo requer de 30% a 40% do faturamento da empresa por meio de impostos. Mas surge o caminho do "dinheiro a mais" no cenário: o lobby empresarial. No Brasil, essa é uma atividade ilegal, embora corrente. Nos Estados Unidos, o lobby é legalizado, mas não deixa de ser um problema para a nação norte-americana, como mostra fartamente o livro *Supercapitalismo*, de Robert Reich.

Para além do horizonte temporal do livro de Reich, anterior à crise de 2008, o pré-candidato democrata às eleições de 2016 nos Estados Unidos, Bernie Sanders, denunciou o problema das empresas que financiam o lobby do carvão, do petróleo e do gás: segundo ele, as empresas de combustíveis fósseis — do petróleo, do gás, do carvão e da energia elétrica — pagaram desconcertantes 2,26 bilhões de dólares em lobby ao governo federal desde 2009 até 2015 e mais 330 milhões de dólares em contribuições para campanhas eleitorais federais, a fim de obter isenções tributárias e de retirar ou evitar ameaças legais e mercadológicas ao seu negócio — como compromissos legais de redução de emissões de gases de efeito estufa ou o desenvolvimento de tecnologias limpas[1]. Esse poder de fazer um forte lobby sobre o governo também se observou da parte dos bancos, que, em 2008, tinham "poder de canhão" para *fazer* a Casa Branca: o governo e o presidente. Mesmo depois da crise imobiliária americana e as severas consequências que se estendem no país até os dias de hoje, pela qual foram diretamente corresponsáveis, os bancos ainda mantêm esse poder. Esses "apoios" podem ser vistos em um site organizado por Noam Chomsky, que, em português, pode ser traduzido por "Casa Branca à venda" ("White House for sale")[2].

Uma equipe de pesquisadores de três universidades distintas associados ao Programa de Governança Corporativa da Escola de Direito de Harvard decidiu pesquisar a inclinação política de pouco mais de 3500 executivos-chefes de 1500 empresas, observando para quem e quanto foram suas doações às campanhas presidenciais no período de 2000 a 2017, que abrangeu dois mandatos republicanos, dois democratas e o início do governo Trump. Os resultados mostraram que apenas 18,4% dos executivos estudados foram designados como democratas, enquanto 57,7% demonstraram-se republicanos. Diante da decisão da Suprema Corte de permitir que os gastos políticos das corporações fossem independentes e ilimitados, os autores do estudo concluíram que os gastos políticos corporativos podem afetar substancialmente a

---

1 SANDERS, BERNIE. *Combating climate change to save the planet: Reclaim our democracy from the billionary fóssil fuel lobby*. Disponível em: <https://berniesanders.com/people-before-polluters/billionaire-fossil-fuel-lobby/>. Acesso em: 06 de ago. 2016.

2 PUBLIC CITIZEN. *White House for sale*. Disponível em: <www.citizen.org/whitehousefor-sale/>. Acesso em: 03 de jul. 2018.

política e a formulação de políticas[3], atestando os efeitos dos conflitos de interesses legalizados via lobby nos Estados Unidos.

Executivo, Legislativo e Judiciário – os três poderes

O lobby, portanto, buscará meios de pagar o presidente (e toda a sua equipe subordinada) — o que lhe custa algo como bilhões de dólares, como vimos nos casos dos lobbies das empresas de óleo, gás e carvão nos Estados Unidos, e na casa dos milhões de reais, nos casos das empresas investigadas na Operação Lava Jato. E o lobby se voltará também para financiar o Congresso — o senador e o deputado — e buscará meios de comprar o juiz, assumindo a premissa de que, nos três poderes, encontrará representantes suscetíveis de conflitos de interesses.

Nos Estados Unidos, quando um político recebe dinheiro de qualquer setor interessado, fica publicado e transparente, e, assim, ao ser eleito, todos saberão que ele não "cuspirá no prato em que comeu", mas que deve fazer ou apoiar uma lei a favor de isenções tributárias para o setor que o financiou. A transparência, entretanto, não resolve as consequências sérias dos conflitos de interesses, porque a elaboração da lei e sua execução ou fiscalização ocorrerão em função de um *viés decisório*, uma inclinação tendenciosa, como nos explica Max Bazerman[4]. Já no Brasil, sendo o lobby uma atividade proibida por lei e, mais recentemente, tendo uma reforma política proibido doações empresariais a campanhas eleitorais, a vigilância sobre candidatos a eleições e titulares de cargos eletivos é intensiva, (retro)alimentada frequentemente pelas próprias denúncias entre candidatos concorrentes,

---

3 SORKIN, ANDREW R. *How executives vote with their wallets*. Disponível em: <https://www.ny-times.com/2019/03/19/business/dealbook/executives-political-contributions.html>. Acesso em: 14 abr. 2019.

4 BAZERMAN, MAX & MOORE, DON. *Processo Decisório*. Rio de Janeiro: Elsevier, 2010.

46 Conflito de Interesses e Serum Anticorrupção

e conta com tribunais eleitorais para julgar crimes de "caixa dois", isto é, financiamento clandestino de candidatos ou partidos em períodos pré e eleitorais.

Ao comparar Estados Unidos e Brasil nesse quesito, observamos que o lobby desenvolve suas próprias maneiras de agir para atingir os mesmos resultados. Imaginemos que eu seja a Microsoft e decida financiar a campanha de um candidato nos Estados Unidos: certamente ele terá um conflito de interesses, porque na hora em que surgir a denúncia de que a Microsoft tem concorrência monopolística — algo ilegal naquele país — e começar a discussão de que a empresa deve ser desmembrada, rapidamente o político ou representante governamental agirá em favor dela. Quando isso de fato aconteceu, a Secretária de Justiça da gestão Obama, Loretta Lynch, tratou rapidamente de "recolher a pipa" e engavetar a discussão, porque, sendo democrata, ela não daria um "tiro no pé", atuando contra seu maior doador de campanha.

A exposição que esses conflitos de interesses geram, mesmo "legalizados", não exime os representantes governamentais de consequências negativas diante da opinião pública. A gestão de Donald Trump recheia a mídia diariamente com os escândalos de conflitos de interesses — de supostas relações com russos até casos relacionados aos laços familiares, como o de sua filha Ivanka Trump, que, pasmem, se tornou conselheira da Casa Branca e ganhou marcas comerciais na China para seus negócios moribundos enquanto a administração do pai travava conflitos comerciais com o país. É nesse mesmo momento que uma pesquisa da Transparência Internacional sobre a percepção de corrupção interna ao país desce os Estados Unidos de 16º para 22º no ranking dos países quanto à percepção de nível de corrupção por seu povo, resultado corroborado pelo índice de aprovação da gestão do presidente para os dois primeiros anos de seu governo como o mais baixo para presidentes estadunidenses desde a Segunda Guerra Mundial[5].

Voltando-nos para o Brasil, o escândalo do Mensalão e a Operação Lava Jato são dois casos judicializados que expuseram no país — e, até então, ineditamente, condenaram — parlamentares (Legislativo) e autoridades do alto escalão do Governo Federal (Executivo) de partidos de todas as alas ideológicas envolvidos em relações espúrias com empresários. Os condenados se aproveitaram de seu cargo e função pública à época do exercício para benefício próprio e de seus partidos políticos, gerando redes de crime organizado onde praticavam corrupção ativa e passiva, com operações de desvio e lavagem de dinheiro, dentre outros crimes relacionados. Dos 24 condenados no âmbito do Mensalão, nove eram parlamentares e dois atuavam no alto escalão do Executivo Federal, sendo que os restantes se distribuíam entre funcionários e prestadores de serviços a partidos políticos e empresários e funcionários do setor bancário privado. Já a Operação Lava Jato, em curso desde 2014 e com dezenas de operações desdobradas, completou, por ocasião de seu quinto aniversário[6] (17 de março de 2019), 242 condenações contra 155 pessoas, brasileiras e estrangeiras — a ampla maioria pelos tribunais de primeira e segunda instância do Paraná e do Rio de Janeiro, sendo apenas duas delas, de foro privilegiado, pelo Supremo Tribunal Federal. Ela revelou envolvimento em corrupção de uma extensa lista de partidos de todas as linhas ideológicas — de direita, de esquerda, dos extremos ao centro —, grandes e pequenos, antigos e novos, além de um sem-número de empresários, seus funcionários e parceiros comerciais, passando por empresas privadas e

---

5   CROUCHER, SHANE. *Trump's America is becoming more corrupt, report says: "Erosion of ethical norms at the highest level of power"*. Disponível em: <https://www.newsweek.com/trump-corruption-america-index-2018-1308983?utm_source=Facebook&utm_campaign=NewsweekFacebookSF&utm_medium=Social>. Acesso em: 07 de fev. 2019.

6   COSTA, GILBERTO. *Lava Jato completa cinco anos com 155 pessoas condenadas*. Disponível em:<http://agenciabrasil.ebc.com.br/justica/noticia/2019-03/lava-jato-completa-cinco-anos-com-155-pessoas-condenadas>. Acesso em: 28 de abr. 2019.

entidades sem fins lucrativos de todos os tipos e tamanhos, dentro e fora do Brasil, e também titulares e representantes de governos de outros países! Conflitos de interesses não respeitam nacionalidade, linha ideológica, setor econômico ou social.

Figura 5. Conflito de interesses na esfera governamental: uma alusão ao "Escândalo das Teles", vindo à tona em dezembro de 2016.

Os muitos casos apresentados até aqui evidenciam que a *Big Corporation*, conforme Reich, está invadindo a esfera pública para *eliminar as coisas que incomodam*. O poder econômico dita as regras, e tentará ditá-las sempre, junto aos setores governamentais, acima dos interesses do bem comum e da coletividade — nem mesmo as ditaduras de esquerda escapam dessa triste realidade, como vimos nos casos da "indústria do suor", a que se submetem países asiáticos como a populosa e potente China, ou no caso da Venezuela, que tem uma crise humanitária agravada desde 2018 com sua população morrendo de fome e por falta de medicamentos e assinou em dezembro do mesmo ano um contrato de empréstimo de 6,6 bilhões de dólares para investir nos setores de petróleo e mineração[7], depois de já ter financiado outros 2,2 bilhões de dólares 10 anos antes com o mesmo país para compra de armamentos[8]. Os interesses econômicos geram aliados e adversários em disputas transfronteiriças, que rebatem nos arranjos cômodos internos a cada país.

Há outro caso interessante que ilustra a questão transfronteiriça. Para entendê-lo, imaginemos que eu faça o lobby da laranja da Flórida. Quando o Brasil estava tentando entrar com seu aço nos Estados Unidos, no início dos anos 2000, também a Europa queria reduzir as barreiras aduaneiras americanas ao aço europeu — e ambos sofriam uma resistência dos republicanos e do próprio George W. Bush, porque o setor do aço americano se encontra no centro do país, uma região onde, estatisticamente, predominam eleitores republicanos, os "estados vermelhos", como são chamados localmente.

---

7   Agência France Presse. *Maduro anuncia investimentos da Rússia na Venezuela da ordem de US$6,6 bilhões*. Disponível em: <https://www.em.com.br/app/noticia/internacional/2018/12/06/interna_internacional,1011090/maduro-anuncia-investimentos-da-russia-na-venezuela-da-ordem-de-us-6.shtml>. Acesso em: 29 de abr. 2019.

8   BBC News. *Venezuela terá empréstimo russo de US$2,2 bi para armas, diz Chávez*. Disponível em: <https://www.bbc.com/portuguese/noticias/2009/09/090914_venezuela_russia_dg>. Acesso em: 29 de abr. 2019.

50 Conflito de Interesses e Serum Anticorrupção

Que fizeram Brasil e Europa? Uma coalizão. Pascal Lamy, que era o negociador da União Europeia, ameaçou a administração Bush de retaliação contra as medidas protecionistas americanas, com o aumento das barreiras aduaneiras à laranja americana na Europa e a diminuição das barreiras aduaneiras à laranja brasileira. O que a laranja tinha a ver com uma negociação sobre o aço? Simples: o estado onde se produz a laranja nos Estados Unidos é a Flórida, que é conhecida internamente como um estado volúvel: um dia estava republicano, outro dia, democrata. E quem era o governador da Flórida na época? Jeb Bush, o irmão de George W. Bush. Pascal Lamy foi apertar "onde dói". Ele sugeriu ao presidente Bush: você prefere sacrificar seus "amigos" dos "red states", que estão 60%, 70% republicanos, ou você prefere sacrificar seu eleitorado da Flórida, que oscila de 51% a 49%? E a decisão foi por sacrificar os amigos dos estados vermelhos e valorizar os eleitores da Flórida. E foi assim que o aço brasileiro e o europeu entraram com mais facilidade nos EUA — já sobre a laranja brasileira recaíram maiores restrições para adentrar o mercado americano.

Aqui se pode ver um exemplo do alcance das intervenções do lobby nas relações entre governos e o conflito de interesses entre conciliar o bem comum e os interesses especiais. Se de um lado o lobby do aço americano financiava os congressistas, de outro, o aço "da laranja" também teve seu valor. O Congresso é o lugar em que se podem criar regras, leis favoráveis. E esse exemplo conjunto de americanos, europeus e brasileiros serve para mostrar o que há de universal e o que há de específico entre os vários países que usamos para ilustrar esse tipo de intervenção.

Reich afirma que, ao invadir o governo, os mercados criam o conflito de interesses indo até o presidente, o deputado e o senador, fazendo com que criem as regras desejadas pelos setores econômicos representados pelos lobistas. E, como vimos no caso do Ministério do Meio Ambiente brasileiro e da EPA americana, o mercado passou a colocar pessoas que vêm de dentro de suas empresas e escritórios de lobistas para ocupar cargos dentro do governo e (des)fazer leis e regulamentos. Ao escrever *Supercapitalismo*, Reich nos apresenta uma perspectiva histórica de como se deu essa intervenção nos Estados Unidos para se criar o modelo de capitalismo que o país vive hoje, começando desde o governo Reagan, na virada da década de 1970 para a de 1980. Nessa época, os bancos começaram a indicar nomes para ocupar os cargos da Secretaria do Tesouro, do Banco Central Americano (FED) e de outros cargos relacionados à economia, e isso se deu, desde então, por todas as gerações presidenciais, fossem republicanas ou democratas. Um caso tão curioso quanto escandaloso, relatado no filme *O Trabalho Interno*, foi o de Henry Paulson, CEO da Global Sachs, que foi Secretário do Tesouro (cargo correspondente a Ministro da Economia ou Fazenda, no Brasil), no governo de George W. Bush. Exatamente às vésperas do estopim da crise de 2008, Paulson fez uma lei para cortar qualquer imposto que incidisse sobre a venda de ações, a fim de salvar seus "amigos" que sabiam que a bomba do mercado financeiro ia explodir — aleluia! —, e todos se desfizeram de suas ações, vendendo-as sem pagar imposto. Ao sair do governo, Paulson voltou para o setor privado com louros e os amigos agradeceram o "funcionário público" pelo seu "serviço de qualidade". Essas idas e voltas do privado para o setor público e vice-versa podem criar conflitos de interesses.

Em seu perfil numa rede social, Robert Reich noticiou a declaração de Donald Trump durante a corrida eleitoral de que, caso eleito presidente dos EUA, seus filhos assumiriam a Organização Trump, e que, da mesma forma, se Hillary Clinton fosse eleita, sua filha Chelsea Clinton deveria assumir a direção da Fundação Clinton, caso seu pai saísse do cargo. As ligações entre doações milionárias à fundação Clinton e o financiamento da campanha de Hillary já foram objeto de abordagem de Reich em postagens anteriores — e também da mídia impressa em escala mundial. Entretanto, Reich ponderou que, caso qualquer um deles fosse eleito, seus filhos deveriam cortar qualquer conexão com essas entidades; caso contrário, não haveria fim para potenciais conflitos de interesses — sendo o caso de Trump ainda mais grave, porque a Organização Trump é constituída para fins lucrativos e seus lucros beneficiam diretamente a família Trump. Com um olhar mais próximo, podem-se perceber elos profundos da organização com financistas globais e políticos estrangeiros. Um posicionamento razoável do então candidato republicano, segundo Reich, seria prometer que, caso eleito, colocaria todos os interesses da família na organização dentro de uma blindagem, designando terceiros para sua gestão.

E como fica o Judiciário? No exercício da Justiça, podemos nos deparar com o conflito de interesses do juiz. Vejamos o exemplo de um ministro do Supremo Tribunal Federal (STF) que não se declarou impedido de julgar pedido de habeas corpus para libertar um empresário de cuja filha e genro foi padrinho de casamento [1] e o fez por três vezes seguidas[9]! O ministro, por fim, concedeu-lhe o pedido, embora a Polícia Federal o tenha prendido no aeroporto enquanto tentava embarcar para o exterior! De casos próximos do nepotismo à não declaração de impedimento para julgar, chegamos a situações extremas de corrupção no judiciário, como revela a recente Operação Capuccino sobre a venda de sentenças no plantão do Tribunal de Justiça do Ceará, ou o caso do juiz Nicolau dos Santos Neto (conhecido na imprensa como "Lalau", que é um jargão popular para "ladrão"), ex-presidente do TRT em São Paulo, que desviou 170 milhões de reais da construção do Fórum Trabalhista paulistano.

---

9   BRÍGIDO, CAROLINA. *Gilmar Mendes libera, pela terceira vez, empresários de ônibus do Rio.* Disponível em: <https://oglobo.globo.com/brasil/gilmar-mendes-liberta-pela-terceira-vez-empresarios-de-onibus-do-rio-1-22139644>. Acesso em: 28 de abr. 2019.

As estruturas públicas de validação externa... **53**

Infelizmente, a corrupção não é assunto incomum no Judiciário. Quando falo com advogados do Mato Grosso, eles dizem que só há três desembargadores que são éticos naquele estado. Três! Isso vai ao encontro dos dados da Corregedoria do Conselho Nacional de Justiça (CNJ), segundo os quais, dos 72 magistrados punidos pelo órgão desde sua criação em 2005 até o ano de 2015, o Mato Grosso foi o estado com maior número de magistrados punidos: onze[10]! Então, provavelmente, é possível que alguém "rale" por três anos até o primeiro julgamento naquele estado, mais três anos, no mínimo, para o recurso em segunda instância e, mesmo assim, perca seis anos, porque a outra parte do processo pode dar 50 mil reais a um dos juízes corruptos — e, aí, temos um problema. Atrelado ao fato de que poucos juízes são punidos com algo mais do que a aposentadoria remunerada precoce (o que, sob outro ponto de vista, pode configurar até um prêmio remunerado), o Brasil ainda parece engatinhar no que diz respeito ao tratamento de casos de corrupção e outros conflitos de interesses relativamente ao Judiciário[11], que parecem tanto mais atingir negativamente a percepção da população quanto à lisura desse poder, quanto mais se expõe sua atuação em casos de repercussão na mídia. Também a esposa de um ministro da alta corte brasileira, trabalhando na empresa de advocacia que assessora a Vale e o Eike Batista — como evitar o conflito de interesses se o marido vier a julgar casos como os dos rompimentos de barragem ou de pedidos de habeas corpus do empresário?

O tabu da investigação do Judiciário parece ser tão grande que, recentemente, o presidente do Supremo Tribunal Federal, ministro Dias Toffoli, abriu investigação contra dois veículos de mídia jornalística

---

10 ASSIS, Mariana P. *Brasil's racialised sperm economy.* Disponível em: <https://www.aljazeera.com/indepth/opinion/brazil-racialised-sperm-economy-180426093908976.html>. Acesso em: 03 de jul. 2018.

11 ASSIS, Vinícius. *Quem julga o juiz?* Disponível em: <https://apublica.org/2016/09/quem-julga-o-juiz/>. Acesso em: 06 de mai. 2018.

por denúncias trazidas a seu respeito[12] no âmbito do acordo de delação premiada de Marcelo Odebrecht, condenado e preso pela Operação Lava Jato. Em meio a decisões judiciais com sanções aos veículos e com mandados de busca e apreensão, o Supremo extrapolou suas atribuições constitucionais ao conduzir investigações externas ao órgão, o que é prerrogativa constitucional exclusiva do Ministério Público, sem ter outra voz, senão a advertência por escrito da presidente do Ministério Público da União, Raquel Dodge, e o bom senso de colegas da própria instituição judiciária a fazerem críticas e orientações procedimentais que atendessem à lei. Um fato curioso que poucos sabem que constitui crime é o de que a denúncia autuada contra o ministro foi retirada no dia seguinte dos autos. A decisão das sanções sobre os veículos jornalísticos foi posteriormente revogada pelo relator, ministro Alexandre de Moraes, diante do retorno da peça aos autos, como prova de que não se tratavam de *fake news*, juízo outrora conferido pelo ministro relator. Some-se a isso o fato de que, poucos dias antes, o próprio colega e ministro Gilmar Mendes havia solicitado "providências" sobre difamações contra ministros do STF[13], já que é um dos ministros que mais suscita controvérsias na opinião pública quanto a aparentes vieses em suas decisões[14].

E isso não se restringe só ao Brasil. Nos Estados Unidos, os americanos não acreditam mais no Supremo Tribunal Federal — as estatísticas são de 30% de confiança, segundo Moisés Naím. Por que

---

12　G1. *Entenda o inquérito do Supremo que investiga ameaças à Corte e veja os pontos polêmicos.* Disponível em: <https://g1.globo.com/politica/noticia/2019/04/16/entenda-o-inquerito-do-supremo-que-investiga-ameacas-a-corte-e-veja-os-pontos-polemicos.ghtml>. Acesso em: 28 de abr. 2019.

13　Agência Estado. *Gilmar Mendes pede providências após Kajuru acusá-lo de vender sentenças.* Disponível em: <https://www.correiobraziliense.com.br/app/noticia/politica/2019/03/20/interna_politica,744043/gilmar-mendes-pede-providencias-apos-kajuru-acusar-de-vender-sentencas.shtml>. Acesso em: 28 de abr. 2019.

14　Reuteres. *Mais um pedido de impeachment contra Gilmar Mendes é protocolado no Senado.* Disponível em: <https://economia.uol.com.br/noticias/reuters/2019/03/14/mais-um-pedido-de-impeachment-contra-gilmar-mendes-e-protocolado-no-senado.htm>. Acesso em: 28 de abr. 2019.

os americanos não acreditam mais nesses "sábios"? Porque sabem que são partidários. Se eu sou um presidente republicano, vou escolher meu juiz do Supremo que será contra o aborto e favorável à venda livre de armas. E se sou presidente democrata, vou escolher meu chefe do Supremo favorável ao aborto e à suspensão da venda de armas. Não posso me esquecer de mencionar, ainda, que certos cargos de juízes, nos Estados Unidos, também podem ser votados — o juiz mais popular será aquele que fizer as penas mais populares, e aí surge mais um conflito de interesses.

Agências reguladoras

Outro aspecto dos conflitos de interesses na esfera governamental é o das agências de regulação, que deveriam ser órgãos técnicos sem nomeação política de seus titulares. Nos Estados Unidos — eu não vou dizer que no Brasil seja igual —, só se nomeia uma pessoa na SEC (Securities and Exchange Comission, órgão correspondente à CVM — Câmara de Valores Mobiliários brasileira — com a chancela dos cinco maiores bancos americanos, quais sejam: Merrill Lynch, Morgan Stanley, Global Sachs, Lehman Brothers e Bear Stearns, e de dois grandes conglomerados financeiros: Citigroup e JP Morgan Chase.

Segundo o filme de Charles Ferguson — *Trabalho Interno* —, na véspera da crise de 2008 havia apenas uma pessoa responsável por toda a análise de risco em Wall Street! É por isso que o empresário das finanças e "gênio" dos investimentos financeiros, Bernard Madoff, "fez festa" durante tantos e nunca foi pego. Esse descuido permitiu ao bilionário americano protagonizar a maior fraude financeira que o mundo moderno já viu.

Madoff enriqueceu ilicitamente com a elaboração e condução, por décadas, de um sofisticado esquema Ponzi, que é a promoção de uma operação financeira fraudulenta de investimento em esquema tipo pirâmide, no qual o corretor da operação paga rendimentos de supostos lucros anormalmente altos aos investidores — mas os lucros não são lucros reais, porque não derivam de investimentos reais, e sim de dinheiro oriundo de novos entrantes, isto é, novos investidores que vão entrando no negócio (base da pirâmide) com a função de remunerar os mais antigos (topo), sem que saibam que estão fazendo isso.

Talvez o exemplo mais familiar à memória dos brasileiros de um esquema Ponzi seja o da Avestruz Master. O esquema, que durou de 1998 a 2005, tratava-se de captação de investimentos via títulos para supostamente criar avestruzes a fim de abastecer um suposto mercado crescente de consumo de carne da ave, com promessas de lucro altíssimo num curto período de retorno. Como não havia fiscalização nem documentação formal suficiente ou acreditada que informasse os negócios da empresa — mais especificamente, que esclarecesse a cadeia de produção e comercialização da carne das aves —, e, ao mesmo tempo, os "lucros" eram muito atraentes (altos e em curto prazo), novos investidores entravam aos montes a cada dia na carteira de investidores, remunerando, sem saber, os antigos, até que, finalmente, quando se esgotaram os novos investidores, o esquema perdeu a capacidade de se autofinanciar e a queda foi grande, deixando dezenas de milhares de investidores sem receber nem o próprio investimento de volta. O Ministério Público Federal em Goiás, autor da ação judicial contra a empresa, estima que mais de 50 mil pessoas foram lesadas no país, com prejuízo total superior a 1 bilhão de reais[15]. Em 2005, quando a fraude foi descoberta, constatou-se que nunca nenhuma ave

---

15 BORGES, FERNANDA. *TRF mantém pena para réus no caso Avestruz Master e nega indenizações.* Disponível em: <http://g1.globo.com/goias/noticia/2013/10/trf-mantem-pena-para-reus-do-caso-avestruz-master-e-nega-indenizacoes.html>. Acesso em: 1º de mai.2019.

fora abatida em todos os anos do negócio e que a empresa tinha apenas 38 mil das 600 mil aves declaradas.

Foi nesses termos que agiu Madoff — porém, seu produto de venda eram supostamente ações no mercado financeiro americano via bolsa de valores (Madoff é um dos sócios-fundadores da Nasdaq). Atuando como corretor ("broker") em sua própria empresa, ele oferecia investimentos com juros (lucros) de 1% ao mês aos investidores (enquanto o mesmo índice era de 1% ao ano na economia norte-americana). Sem data certa, alguns estimam que o esquema tenha começado na década de 1970 (sua empresa foi fundada em 1960), tendo implodido durante a crise econômica americana de 2008, sendo que mais de 65 bilhões de dólares de falsos juros alimentaram a fraude financeira do empresário que, até então, era considerado um visionário do mundo financeiro, de alta confiabilidade e ilustre figura filantrópica no país. Mais de 17 bilhões de dólares de clientes investidores foram perdidos. Note-se que, como é hábito da população americana investir no mercado financeiro para obter rendimentos, os clientes não eram apenas milionários investidores, mas também famílias, instituições de caridade, fundos de pensão e fundações públicas. Após a descoberta do esquema, além das perdas de soma bilionária dos investidores (muitos dos quais sobreviviam dessa renda), Madoff foi preso e condenado a 150 anos de prisão, seus bens foram confiscados e um de seus filhos suicidou-se (seus filhos e sua esposa não sabiam que seu negócio se baseava numa mentira, e os próprios filhos, após a revelação do pai, o denunciaram à polícia).

Deixe o mercado fazer — *laissez faire!* —, diziam os liberais americanos. E, assim, não tinha mais ninguém para fiscalizar se o investidor estava ou não sendo lesionado. No Brasil, desde escândalos como os do Boi Gordo e da Avestruz Master, na década de 90 e no início dos anos 2000, a CVM (Câmara de Valores Mobiliários), enquanto agência reguladora e fiscalizadora dos mercados de títulos, busca rastrear, receber denúncias e denunciar todo e qualquer negócio que se pareça com um esquema Ponzi ou piramidal no âmbito do mercado financeiro ou de títulos brasileiro.

Tive a oportunidade de conhecer o ex-presidente da SEC (a "CVM" americana), Arthur Levitt, em Harvard. Ele escreveu *Take on the Street — What Wall Street and Corporate America don't want you to know*[16] — vejam esse título! Escreveu-o justamente para proteger o acionista. No livro, ele fala sobre como esses banqueiros bandidos agiam. Eles faziam manipulações nas aplicações do plano de pensão 401(k)[17], utilizando todos os "jeitinhos", de modo que, ao acessar a internet e navegar na página de seleção da transação, a sequência de passos permitisse antever a escolha de compra de uma ação ou outro título em cinco segundos, e, nesse pequeno intervalo de tempo, aumentavam o preço da compra e ganhavam dinheiro sobre ela — dentre todas as armadilhas tecnológicas que inventaram para enganar o investidor. Imaginem quanto dinheiro não terão ganho com isso!

Nesse livro de Arthur Levitt, escrito em 1999, há uma carta que Joseph Lieberman, um senador americano que lutava pela regulação do setor bancário, mandara para Bill Clinton pedindo para demitir o próprio Levitt, porque estaria no cargo de presidente da SEC financiado pelos cinco bancos para impedir que fossem regulados. E não deu outra: Clinton o manteve no poder. Depois disso, a coisa mais irônica vista foi, na crise de 2002/2003, Arthur Levitt deixar os democratas — saiu e não ficou nem democrata nem republicano — e ter a hipocrisia de aparecer na TV dizendo que era um absurdo

---

16 Em tradução livre, "Preste atenção na rua — O que a Wall Street e a América corporativa não querem que você saiba".

17 401(k) — trata-se de um tipo de plano de aposentadoria patrocinado pelo empregador, que está previsto na seção 401, alínea k, do Código Fiscal do Estados Unidos, e que, caso escolhido pelo empregado de uma empresa, permite que o imposto de renda que seria retido na fonte seja dirigido para um fundo para aplicação financeira, com investimento no mercado de ações, títulos da dívida pública ou mercado financeiro, ou uma mescla desses investimentos. É nesse momento das aplicações que o autor contextualiza a intervenção manipuladora dos banqueiros. (Adaptado de Wikipédia.)

As estruturas públicas de validação externa... 59

a enganação que estava vendo os bancos fazerem com os americanos — sim, hipocrisia, porque ele mesmo conduziu ações para acabar com a imposição de regras aos bancos e deixar o mercado fazer suas trapaças.

É nesse tipo de negociação, onde se percebe com clareza que as agências reguladoras são praticamente sabotadas, que encontramos a visão de Robert Reich da atualidade. Ela inclui casos como o da *British Petroleum* (BP), que decidiu não mais pagar campanhas eleitorais ou atuar com o lobby, mas permitir que o governo faça o seu trabalho, porque sabe que será sempre gananciosa e buscará cortar seus custos de manutenção preventiva — como aconteceu também com a Samarco na barragem de Mariana e a Vale em Brumadinho — ou por deixar de realizar as condicionantes ambientais de sua licença, o que seja. Na BP, como em tantas outras, sempre vão escolher "comprar a ração mais barata" e, amanhã, haverá o custo de 20 bilhões de dólares para arcar com os danos dos desastres da ganância.

No meio de 2008, os bancos, desesperados pelo cataclismo apocalíptico, solicitaram uma reunião com Dominique Strauss-Kahn, então presidente do FMI, como relatado no filme de Charles Ferguson, e pediram que o órgão os regulasse, porque reconheceram que não mantinham controle sobre seu ímpeto ganancioso e que iriam sempre criar muito risco para ganhar mais bônus, e que os custos disso sempre recairiam sobre um pagador de impostos ou um pequeno acionista; entretanto, depois que viram que não foram punidos exemplarmente pelos governos americano e europeu, parece que sua atuação se manteve como era anteriormente, segundo o próprio filme relata. Nesse tipo de negociação, as agências reguladoras sempre são muito sugadas, como mais um dos componentes do Poder Executivo.

60 Conflito de Interesses e Serum Anticorrupção

Outro setor em que as agências públicas são frequentemente comprometidas em seu desempenho em razão de conflitos de interesses são as agências de meio ambiente. Da EPA norte-americana ao brasileiro IBAMA, passando por todas as esferas da administração pública (estadual e municipal), há abundantes exemplos de pseudorrepresentação ambiental no comando dos órgãos e entidades da área. Recentemente, a senadora estadunidense Elizabeth Warren enviou uma carta à direção da EPA sobre a entrega da supervisão do Escritório de Pesquisa e Desenvolvimento da agência ambiental americana para David Dunlap, um ex-funcionário da Koch Industries, e também a entrega do posto de Administrador Assistente do Escritório de Ar e Radiação a Bill Wehrum, um ex-advogado do setor de combustíveis. Em sua carta, a senadora escreve que "apesar de sua promessa de 'drenar o pântano', o presidente Trump ampliou a influência da indústria de combustíveis fósseis sob sua administração, nomeando e designando numerosos ex-lobistas e defensores de empresas para altos cargos na EPA"[18] (tradução livre). A entidade já havia sofrido forte impacto na excelência de sua gestão desde o início do governo Trump, quando ele nomeou Scott Pruitt para liderá-la. Além de opositor da política climática do governo anterior de Barack Obama, Pruitt promovia uma ação judicial contra a própria EPA, que então passaria a dirigir! A entrada de Pruitt visou a atender à promessa eleitoral de Trump de retirar leis e regulamentações para a proteção ambiental e o combate ao aquecimento climático, reforçando seu apoio à indústria do carvão, defendida na ação movida pelo então novo dirigente[19], o que o dirigente, efetivamente, realizou, antes de deixar o posto por escândalo de despesas excessivas em meados de 2018. Em seu lugar,

---

18 SNIDER, ANNIE & COLMAN, ZACK. *Warren demands answers from EPA on industry influence.* Disponível em: <https://www.politico.com/story/2019/03/01/warren-epa-influence-1230858>. Acesso em: 14 abr.2019.

19 G1. *Trump nomeia cético sobre mudança climática para dirigir agência ambiental.* Disponível em: <https://g1.globo.com/natureza/noticia/trump-nomeia-cetico-sobre-mudanca-climatica-para-dirigir-agencia-ambiental.ghtml>. Acesso em: 14 abr.2019.

novo lobista da indústria de carvão foi nomeado no início de 2019, Andrew Wheeler. Os impactos sobre o controle ambiental causados pela desregulamentação do governo Trump afetam diretamente a população: além da anulação do plano antipoluição que alvejava as centrais de carvão, foi lançado um plano para reverter a rigidez das normas contra as emissões de poluentes de automóveis depois de 2025[20].

A nomeação de um ex-advogado da Independent Petroleum Association of America — IPAA (Associação Americana Independente de Petróleo, em tradução livre) e também advogado de agências de lobby, David Bernhardt, é outra polêmica que se agrega à anterior. O advogado e ex-lobista foi nomeado para o segundo maior cargo do Departamento do Interior, que engloba a agência ambiental americana EPA e define as regras sobre meio ambiente e terras no país[21]. Registros da gravação de uma reunião da IPAA vazados em função de investigações realizadas sobre o então secretário e titular da pasta, Ryan Zinke, deixam claro que o lobby do petróleo estava satisfeito com a nomeação de Bernhardt e com o acesso fácil a Trump para resolução de todos os "empecilhos legais" que o setor sofre para o desenvolvimento altamente lucrativo de seus negócios, tendo já, à ocasião da reunião, quatro dos cinco itens de sua "lista de prioridades" atendidos pelo presidente, notadamente por meio de atos de desregulamentação ambiental. Embora a legislação estadunidense proíba a relação de Bernhardt com seus ex-clientes por dois anos após a entrada em vigor de seu mandato, documentos mostram que o IPAA gastou mais de 1,3 milhão de dólares fazendo lobby no departamento desde que Bernhardt assumiu seu posto.

---

20 Diário de Notícias. *Trump nomeia oficialmente Andrew Wheeler para liderar Agência de Proteção Ambiental.* Disponível em: <https://www.dn.pt/lusa/interior/trump-nomeia-oficialmente-andrew-wheeler-para-liderar-agencia-de-protecao-ambiental-10417656.html>. Acesso em: 14 abr. 2019.

21 WILLIAMS, Lance & SHOGREN, Elizabeth. *Recording reveals oil industry execs laughing at Trump access.* Disponível em: <https://www.politico.com/magazine/story/2019/03/23/trump-big-oil-industry-influence-investigation-zinke-226106>. Acesso em: 14 abr. 2019.

Qualquer semelhança com o que ocorre hoje no Brasil não será mera coincidência. O recém-empossado Presidente da República Jair Bolsonaro nomeou o advogado e ex-secretário de Meio Ambiente do Estado de São Paulo Ricardo Salles para capitanear o Ministério do Meio Ambiente brasileiro. O anúncio de seu nome causou bastante desconforto, especialmente diante de um presidente que foi eleito com o discurso da moralização do setor público, já que o advogado é condenado em primeira instância pela Justiça de São Paulo por fraudar documentos relacionados ao Plano de Manejo da APA Várzea do Rio Tietê[22] em favor de mineradoras e outros setores interessados na área abrangida por essa unidade de conservação da natureza. Mesmo diante da condenação e da polêmica decorrente, o presidente recém-eleito o nomeou como titular da pasta ambiental, dentro da qual Salles já começou o processo de desregulamentação e desmonte das agências ambientais federais: nos primeiros 100 dias do governo Bolsonaro, segundo lista a Revista Fórum[23], Salles demitiu 21 dos 27 superintendentes regionais do IBAMA — uma exoneração coletiva inédita em 30 anos do órgão — além de ter acabado com a Secretaria de Mudanças do Clima e Florestas do Ministério do Meio Ambiente, já que o governo atual nega as mudanças climáticas globais. O ministro ainda transferiu o Serviço Florestal Brasileiro para a o Ministério da Agricultura e colocou um ex-deputado representante do agronegócio para chefiá-lo, congelou a aplicação de 1 bilhão de reais oriundos de multas do Ibama, que iriam para 34 projetos de recuperação das bacias hidrográficas do São Francisco e do Parnaíba, liberou o uso de 86 agrotóxicos — inclusive vários deles proibidos pela União

---

22 OLIVEIRA, CIDA DE. *Ricardo Salles não pode assumir Ministério do Meio Ambiente, afirma jurista*. Disponível em: <https://www.redebrasilatual.com.br/politica/2018/12/ricardo-salles-nao-pode-assumir-ministerio-do-meio-ambiente-afirma-jurista>. Acesso em: 14 abr. 2019.

23 LOUSADA, VINICIUS. *Em 100 dias, ataques reforçam desprezo de Bolsonaro e Ricardo Salles pelo Meio Ambiente*. Disponível em: <https://www.revistaforum.com.br/em-100-dias-ataques-reforcam-desprezo-de-bolsonaro-e-ricardo-salles-pelo-meio-ambiente/>. Acesso em: 28 abr. 2019.

Europeia nos próprios países sede das empresas que os fabricam, fazendo do Brasil um "mercado de descarte" de linhas de produção que ficariam obsoletas —, articulou o andamento de projetos de lei de flexibilização do licenciamento ambiental no Congresso e estuda a liberação de plantio de transgênicos em todo o país e da mineração em terras indígenas.

Essa é a primeira nomeação para o Ministério, desde sua criação, que manifesta expressamente conflitos de interesses na gestão da pasta. Entretanto, são os estados e municípios que sofrem mais profundamente com essa situação, desde sempre. Um dos casos recentes mais emblemáticos é o do governo do estado da Bahia, que, nos últimos oito anos, conduziu uma agenda de desregulamentação e desmonte da gestão pública ambiental e do controle social baiano no mínimo surpreendente, pela qual retirou poderes de deliberação do Conselho Estadual de Meio Ambiente e criou, à revelia da legislação nacional, o licenciamento ambiental declaratório ("LAC") para atividades de alto impacto ambiental local, como postos de gasolina (uma das maiores causas de contaminação do lençol freático em zonas urbanas no país, cuja despoluição praticamente é impossível de ser realizada), reduziu o monitoramento da qualidade das águas baianas e favoreceu agendas de setores econômicos específicos, eximindo-os de licenciamento ambiental ou de estudos ambientais aprofundados para atividades de significativo impacto ambiental. No Conselho Nacional do Meio Ambiente — Conama, a representação do governo baiano tentou propor a revisão das normas do colegiado, flexibilizando o licenciamento com propostas semelhantes às que foram implementadas naquele estado, especialmente em favor do setor de mineração, das empreiteiras, da indústria química e do agronegócio[24], sem exposição nem consulta à população diretamente afetada por essas atividades.

---

24 BRINCO, HENRIQUE. Cresce mobilização contra Eugênio Spengler na Secretaria de Meio Ambiente. Disponível em: <https://www.bnews.com.br/noticias/politica/politica/227492,cresce-mobilizacao-contra-eugenio-spengler-na-secretaria-de-meio-ambiente.html >. Acesso em: 14 abr. 2019.

Esse tipo de desregulamentação ambiental é alvo de críticas institucionais[25] e ocorre ao mesmo tempo em que o Brasil se recupera de dois desastres de impactos ambiental e socioeconômico sem precedentes no país: o rompimento da barragem de rejeitos minerários da Samarco, em Mariana (2017); e da Vale, em Brumadinho (2019), ambas no estado de Minas Gerais, alvo de estudos ambientais insuficientes e de licenciamento ambiental flexibilizado, respectivamente — embora a maior evidência de ingerência ocorra a partir da própria Agência Nacional de Mineração, a ANM (antigo DNPM), que tem apenas 35 fiscais para fiscalizar todas as 790 barragens de mineração do país! Casos como o licenciamento "top-down" das usinas hidrelétricas de Belo Monte e de Santo Antônio e Jirau, na Amazônia, também são emblemáticos da validação dos interesses privados pela alta esfera governamental à revelia das orientações técnico-científicas do corpo de profissionais do Ibama e de outros órgãos, como a Funai, com a "conta" dos prejuízos sendo paga com a saúde, o lucro cessante e a própria vida das populações locais[26]. Some-se a isso o fato de que Belo Monte é a usina mais cara e menos produtiva do país, com apenas 40% de geração de energia em relação a sua capacidade instalada[27].

As agências ambientais brasileiras são fortemente alvejadas por conflitos de interesses por duas razões principais: primeiramente, por colocarem regras que limitam o uso dos recursos naturais e econômicos disponíveis (o que é uma pedra no sapato do livre mercado), a fim de que sua exploração pelos setores econômicos siga critérios de

---

25 ASSOCIAÇÃO BRASILEIRA DOS MEMBROS DO MINISTÉRIO PÚBLICO AMBIENTAL – ABRAMPA. *Carta de Curitiba do Ministério Público Ambiental.* Disponível em: <https://abrampa.org.br/abrampa/site/index.php?ct=conteudoEsq&id=727>. Acesso em: 28 abr. 2019.

26 PONTES, Nádia. *Após um ano de funcionamento, Belo Monte segue envolta em polêmicas.* Disponível em: <https://www.cartacapital.com.br/sociedade/apos-um-ano-de-funcionamento-belo-monte-segue-envolta-em-polemicas/>. Acesso em: 30 de abr. 2019.

27 OLIVEIRA, Mariana & JUSTE, Marília. *Belo Monte será hidrelétrica menos produtiva e mais cara, dizem técnicos.* Disponível em: <http://g1.globo.com/economia-e-negocios/noticia/2010/04/belo-monte-sera-hidreletrica-menos-produtiva-e-mais-cara-dizem-tecnicos.html>. Acesso em: 30 de abr. 2019.

sustentabilidade, e, segundo, porque se tratam também de órgãos arrecadadores, via taxas de licenciamento, fiscalização, recebimento de multas e da compensação ambiental pecuniária por empreendimentos que causam significativo impacto sobre o meio ambiente — recursos esses que, legalmente, deveriam ser investidos na efetiva conservação e monitoramento ambiental. Os Tribunais de Contas estaduais contêm relatos e mais relatos do uso desses recursos arrecadados para outros fins: desde o contingenciamento desses recursos para uso como garantia de crédito dos governos estaduais junto a instituições financeiras (bancos), até o desvio direto para pagamentos de despesas desvinculadas da legislação e, nos casos mais extremos, indícios de pagamentos de caixa de campanha eleitoral por meio de licitações e contratos fraudulentos ou superfaturados.

O recente processo de desconstrução da política nacional de meio ambiente, acompanhado da extinção sumária de diversos órgãos colegiados na esfera federal que garantiam a gestão participativa da sociedade civil e do setor produtivo com pesos equilibrados, afasta do Estado a função de capitaneamento da *governança colaborativa*, uma espécie de "guarda-chuva" pelo qual o setor público se torna aquele que protege o interesse público, e sob o qual se abrigam a sociedade civil e os poderes econômicos. O governo é a base dessa proteção, mas é nesse arranjo que ele se faz vulnerável, em lugar de garantir que essa briga entre o todo público e o todo do mercado ache a sua justa distribuição de benefícios e responsabilidades.

Outra questão importante acompanhada de perto por agências reguladoras é a da formação de monopólios. No momento atual, em que ocorrem fusões como a da Monsanto com a Bayer, encontramos o senador americano Bernie Sanders com uma postagem em seu perfil nas redes sociais dizendo que a tentativa de fusão das duas empresas era uma ameaça para todos os americanos (o resto do mundo "que se lasque", é claro). O senador alega que essas fusões impulsionam os lucros de corporações gigantescas e fazem os americanos pagarem preços ainda mais altos e defende que essa fusão não apenas deva ser bloqueada, mas que o Departamento de Justiça deve reabrir sua investigação quanto ao monopólio da Monsanto sobre o mercado de sementes e da química agrícola. Estendendo isso para "o resto do mundo", é preciso lembrar que a regulação precisa acontecer em dois níveis: no nacional e no internacional — este último, por exemplo, via Organização Mundial do Comércio (OMC).

O sistema de comando e controle dos marcos e organismos governamentais regulatórios também tem de ser preciso sobre quem (e como) *punir* e quem (e como) *recompensar*. Um exemplo de "tiro que sai pela culatra" aconteceu recentemente, quando a SEC americana multou a Monsanto em 80 milhões de dólares por defraudar investidores ao emitir falsas declarações sobre seus ganhos e recompensar em mais de 22 milhões de dólares o ex-executivo da empresa que a denunciou à SEC. Isso pareceria justo, até percebermos que a multa de 80 milhões à Monsanto penalizaria principalmente seus acionistas, alguns dos quais foram defraudados por essas declarações, e que os 22 milhões iriam justamente para um executivo que teria provavelmente sido prejudicado pessoalmente com as perdas da fraude. Ao observar essa questão, Robert Reich afirma que, a menos e até que o governo comece a penalizar os executivos que sejam pessoalmente responsáveis por crimes organizacionais, esses crimes continuarão.

No Brasil, dois exemplos podem ilustrar o forte lobby das empresas sobre as agências reguladoras que atuam em áreas diferentes das de política financeira. O primeiro é o que ficou conhecido como o "Escândalo das Teles"[28] (Figura 5), encaminhado, no Governo Federal, pelo ex-ministro da Ciência, Tecnologia, Inovações e Comunicações, Gilberto Kassab, como agenda governamental do governo

---

28 CIRIACO, Douglas. *Senado volta a discutir lei que pode repassar 100 bilhões às teles.* Disponível em: <https://www.tecmundo.com.br/mercado/129175-plc-79-2016-voltara-ser-discutido-senado.htm>. Acesso em: 11 de mai. 2018.

Temer. As quatro empresas operadoras de telefonia (as "teles") e demais empresas de radiodifusão que atuam no Brasil se reuniram e fizeram um lobby para que o governo brasileiro aprovasse um projeto de lei que perdoaria sua dívida global de mais de 20 bilhões de reais e, ainda, que doaria a essas empresas o patrimônio público que está sob concessão a elas, no valor de 100 bilhões de reais (números do Tribunal de Contas da União – TCU) — em plena crise de déficit da Previdência e da polêmica PEC do teto dos gastos públicos! O então ministro Kassab, bem como o parlamentar relator do projeto de lei na Câmara dos Deputados, o deputado goiano Daniel Vilela, sob orientação da presidência da República, vinham mobilizando amplo apoio no Congresso Nacional para a rápida aprovação do PL, contra o qual um grupo de senadores impetrou mandado de segurança no STF para evitar mais danos às já cambaleantes contas públicas brasileiras, bem como aos contribuintes e usuários brasileiros dos serviços de telefonia e radiodifusão.

O outro é a mais recente proposta de privatização da Eletrobras, que o governo Temer parecia querer conduzir nos mesmos moldes das privatizações realizadas nos governos de Fernando Henrique Cardoso: com sucateamento e subvalorização dos ativos da empresa que fornece 43% da energia[29] do Sistema Interligado Nacional brasileiro (SIN): uma venda com proposta de valor "extremamente barata", que, a um alto custo do erário brasileiro, beneficiaria compradores nacionais e estrangeiros, e elevaria ainda mais os já altos preços da energia elétrica entregue pelo SIN no mercado regulado para o consumidor final brasileiro — porque diminuiria a oferta de energia nesse mercado, com a convergência de parte da energia produzida para o mercado livre brasileiro de energia, atualmente inacessível pela lei ao pequeno consumidor. E mesmo que a legislação abrisse o mercado livre ao pequeno consumidor, o aumento da demanda no mercado livre também

---

29 NASSIF, Luís. *O xadrez da venda da Eletrobras, por Luís Nassif.* Disponível em: <https://jorn-alggn.com.br/noticia/o-xadrez-da-venda-da-eletrobras-por-luis-nassif>. Acesso em: 11 de mai. 2018.

aumentaria os preços desse mercado, colocando o pequeno usuário numa "sinuca de bico", pagando novamente as contas de um sistema executivo e regulatório "governado" por conflitos de interesses de empresários e políticos que "se encontram". É previsível que, marginalizado pelas decisões inerentes ao mercado dos grandes fornecedores de energia, o consumidor brasileiro comece a migrar para a geração distribuída de energia solar, via microgeradores (placas de energia solar) em sua casa ou estabelecimento comercial — o que, de fato, vem ocorrendo, como mostra a subida exponencial desse novo mercado no ano de 2018[30]. O aumento sucessivo dos custos da energia no bolso do consumidor final, nem sempre acompanhado da melhora dos serviços de distribuição, já tornou viável instalar um painel fotovoltaico numa casa de duas pessoas nos grandes centros urbanos por um preço similar ao do iPhone no país[31] e conseguir uma redução de até 90% na conta de luz, com quase nenhum custo de manutenção.

Segurança pública e Forças Armadas

Militares e polícia também podem ter o seu conflito de interesses — voltando para o caso americano —, porque o complexo militar industrial vai ao governo fazer lobby para organizar a guerra. Hoje, os representantes das grandes indústrias de armas e de petróleo podem entrar na *célula de crise* para falar com o Vice-presidente sugerindo ataques no Iraque, no Irã ou no Afeganistão, ou onde quer que seja, para prevalecerem interesses comerciais sobre os geopolíticos. O

---

30 AMCHAM BRASIL. *Energia solar cresce 407% em um ano no Brasil impulsionada por painéis em residências*. Disponível em: <https://economia.estadao.com.br/blogs/ecoando/energia-solar-cresce-407-em-um-ano-no-brasil-impulsionada-por-paineis-em-residencias/>. Acesso em: 1º de mai. 2019.

31 Referências: iPhone XS Max de 512 GB por R$9.999,00, a prazo (em 12 x), na loja online da Apple no Brasil. Disponível em: <https://www.apple.com/br/shop/buy-iphone/iphone-xs/te-la-de-6,5-polegadas-512gb-prateado>. Acesso em: 1º de mai. 2019. PORTAL SOLAR. *Quanto custa a energia solar fotovoltaica*. Disponível em: <https://www.portalsolar.com.br/quanto-cus-ta-a-energia-solar-fotovoltaica.html>. Acesso em: 1º de mai. 2019. Segundo o site, para o município de São Paulo, casa pequena, de duas pessoas, sistema de 1.32 Kwp, o preço médio encontrado foi de R$10.673,36, valores de julho de 2018.

lobby das armas tem 100 bilhões de dólares de mercado nos EUA, o que lhe confere "poder de canhão" para influir nas políticas públicas e nas relações internacionais em favor das empresas.

Na França, o senador Serge Dassault, então ligado ao partido do ex-presidente Nicolas Sarkozy, sofre processo judicial por vários conflitos de interesses. Ele é dono da indústria de aeronaves militares que fabrica inclusive o caça-bombardeiro Rafale, que Sarkozy tentou convencer o então presidente Lula a comprar para o Brasil. Seu representante comercial era o ministro da Defesa francesa, que ofereceu comercialmente a aeronave ao Brasil, Egito, Índia e outros países para obter arranjos cômodos sobre o financiamento de eleições na França.

Nos Estados Unidos, a Airbus e a Northrop entraram juntas em um processo de licitação concorrendo com a Boeing para fornecer aviões militares de abastecimento, e a Boeing perdeu a concorrência. O presidente, à época, era George W. Bush. Quando a aeronáutica americana optou pela Airbus francesa em lugar da Boeing americana, surgiu um aparente conflito de interesses entre o avião de melhor qualidade e o "patriotismo" de se comprar *made in America*. Nesse ponto, o panorama político se mostrou ainda mais revelador. Os democratas sempre receberam dinheiro de lobby da Boeing, e o estado de Washington e a cidade de Seattle eram democratas. Já os aviões da Northrop eram de Connecticut, e os estados do centro do país são, geralmente, republicanos. Assim que George W. Bush terminou seu mandato, Bill Clinton, ao assumir a presidência, cancelou a licitação, pediu uma nova concorrência e a Boeing a venceu[32]. O negociador da União Europeia, Pascal Lamy, se manifestou negativamente sobre essa decisão enviesada, um conflito de interesses claro, oriundo de um jogo de poder.

---

32 FOX, Robert. *Boeing takes off as Airbus lands hard*. Disponível em: <https://www.theguardian.com/commentisfree/2008/jul/10/theairlineindustry.eads>. Acesso em: 27 de jul. 2018.

Quanto aos militares brasileiros, o caso de conflito de interesses que está na pauta das discussões atuais é o da reforma da Previdência. Uma proposta da categoria só foi enviada ao Executivo para complementar o texto que tramitava no Congresso porque a representação da Câmara dos Deputados decidiu que só o tramitaria se essa proposta fosse incorporada[33], o que, efetivamente, acabou acontecendo, embora a proposta encaminhada tenha engenhosamente apresentado compensações para a carreira que causariam um impacto pouco significativo em relação às pretensões econômicas da equipe do governo[34].

Banco Central

No filme *Trabalho Interno*, vemos que a porta do FED (Federal Reserve, o Banco Central dos Estados Unidos), está sempre aberta para as grandes empresas ou investidores e para o governo, mas o mesmo acesso não se abre a empresas de porte ou envergadura econômica menores nem a pequenos acionistas para o diálogo e acolhimento de suas demandas: existe uma violenta assimetria de poder. O filme mostra uma associação de pequenos acionistas querendo uma porta aberta com Alan Greenspan, então presidente do FED, coisa que nunca conseguiram — enquanto os "big ben", os grandes lobistas, sempre podiam entrar — antes, durante e depois da crise de 2008. Como dissemos anteriormente, a nomeação do titular do FED sempre segue a indicação das grandes instituições e conglomerados financeiros dos Estados Unidos, desde que teve início o processo de desregulamentação financeira americano, nos idos de 1980, fielmente conduzido por esses indicados.

---

33 AZEVEDO, ALESSANDRA. *Sem a proposta para militares, reforma da Previdência não anda no Congresso.* Disponível em: <https://www.correiobraziliense.com.br/app/noticia/politica/2019/02/26/interna_politica,739756/sem-a-proposta-para-militares-previdencia-nao-anda-no-congresso.shtml>. Acesso em: 02 de mai.2019.

34 Redação Exame. *Previdência militar com economia tímida é "tiro no pé", diz especialista.* Disponível em: <https://exame.abril.com.br/economia/previdencia-militar-com-economia-timida-e-tiro-no-pe-diz-especialista-2/>. Acesso em: 02 de mai. 2019.

Agências e bancos de fomento

Embora já tenhamos falado de bancos em geral e de bancos centrais, abro aqui uma categoria especial de bancos públicos e agências de fomento destinados a fomentar o crescimento econômico brasileiro. Bem, seria brasileiro, se o BNDES, por exemplo, não tivesse emprestado, segundo dados do Tribunal de Contas da União — TCU —, mais de 50 bilhões de reais para 140 obras em vários países estrangeiros entre 2006 e 2014[35], sem, no entanto, prestar contas desses recursos, mesmo sob questionamento judicial, alegando sigilo bancário de clientes privados. Trata-se de uma agência de fomento pública, constituída com dinheiro oriundo de contribuições como o Fundo de Amparo ao Trabalhador — FAT — e o PIS/PASEP, além do Tesouro Nacional, e, no entanto, não há prestação de contas suficientemente transparente do capital que circula por lá.

Dentre os muitos agentes públicos fomentadores (financiadores) de atividades econômicas, o BNDES talvez seja o que libera o maior montante mínimo de empréstimo, o que significa que seu foco são grandes empreendimentos. Isso porque cada agência ou banco de fomento tem um foco específico, destinado a montar uma carteira de clientes desejados para os quais abrirá linhas de crédito — e isso se decide no planejamento estratégico da empresa. O limite de crédito mínimo do BNDES já era de um milhão de reais nas gestões dos governos Lula e Dilma — o que "expulsava" o pequeno e o médio tomadores de empréstimo, dirigindo-os para outras agências fomentadoras com linhas de crédito para negócios menores, como o Banco do Brasil ou a Caixa Econômica Federal, embora o dinheiro do BNDES venha do FAT.

---

35 AMORA, Dimmi. *Financiamento do BNDES às obras no exterior é maior do que o feito no país.* Disponível em: <https://www1.folha.uol.com.br/mercado/2016/06/1777284-financiamento-do-bndes-as-obras-no-exterior-e-maior-do-que-o-feito-no-pais.shtml>. Acesso em: 02 de mai. 2019.

72 Conflito de Interesses e Serum Anticorrupção

O BNDES é um caso de escândalo a explodir. Foi alvo de uma CPI fracassada em 2015 que, ao que tudo indica, assim o foi porque alguns dos maiores financiadores de campanha eleitoral no Brasil são mutuários (tomadores de crédito) do banco, como o Grupo JBS e cinco grandes empreiteiras investigadas pela Operação Lava Jato; inclusive o presidente da CPI, deputado Davi Alcolumbre, do DEM–AP, e outros dois integrantes, os senadores Acir Gurgacz, do PDT–RO e Paulo Rocha do PT–PA, tiveram sua campanha financiada pela JBS por meio de doações que somam mais de 1 milhão de reais[36]. Embora só a JBS tenha contraído empréstimos da ordem de 4,58 bilhões de reais para aquisição de empresas no exterior (exceto os 80 milhões, os demais 4,5 bi foram da subsidiária BNDESPAR e não entram na conta a seguir), uma auditoria prévia do TCU, em meados de 2016, apontou que 99% dos empréstimos do banco de fomento ficaram com as empreiteiras, sendo que só a Odebrecht abocanhou 82% do total de 50,54 bilhões de reais emprestados[37]. Os relatórios da auditoria também mostraram incompatibilidades nas prestações de contas dos mutuários, o que levantou a suspeitas de fraude nas documentações analisadas. As investigações do Ministério Público e da Polícia Federal continuam no âmbito da Operação Lava Jato e, em fevereiro de 2019, nova CPI foi criada para investigar irregularidades em contratos do banco[38].

Os casos apresentados mostram a importância para a empresa de buscar uma relação mais "próxima" com as agências de fomento governamentais. Em caso de sucesso na construção de arranjos cômodos, financiamentos que seriam praticamente inviáveis em valor,

---

36 LINDNER, Julia & FARIA, Thiago. *Presidente da CPI do BNDES teve campanha financiada pela JBS*. Disponível em: < https://exame.abril.com.br/brasil/presidente-da-cpi-do-bndes-teve-campanha-financiada-pela-jbs/>. Acesso em: 02 de mai. 2019.

37 AMORA, Dimmi. Idem.

38 BOLDRINI, Angela. *Câmara cria nova CPI para investigar irregularidades no BNDES*. Disponível em: < https://www1.folha.uol.com.br/mercado/2019/02/camara-cria-nova-cpi-para-investigar-irregularidades-no-bndes.shtml>. Acesso em: 02 de mai. 2019.

juros, garantias e outras condições de empréstimo podem favorecer tanto a criação de oligopólios internacionais, como no caso da JBS, quanto operações de lavagem de dinheiro para empresas, empresários e políticos, além de outras alianças que transcendam da questão econômica para a geopolítica, por exemplo, como no caso das obras de engenharia em países estrangeiros.

Governos estaduais e municipais

Da mesma forma que o governo federal é atingido por conflitos de interesses em suas três esferas de poder, assim também os conflitos de interesses ocorrem nos chamados governos subnacionais — que, no caso da República Federativa do Brasil, são os Estados, o Distrito Federal e os Municípios. O quadro a seguir sintetiza o arranjo dos três poderes nas três esferas administrativas da República Federativa do Brasil:

Quadro 1. Organização dos três poderes nas três esferas administrativas brasileiras[39].

Esfera	União	Estados e DF	Municípios
Poder Executivo	Presidência e Ministérios	Governadoria e Secretarias de Estado/Distritais	Prefeito e Secretários Municipais
Poder Legislativo	Congresso Nacional: Senado Federal e Câmara dos Deputados Federais	Assembleia Legislativa (ou Câmara Distrital, no caso do Distrito Federal)	Câmara de Vereadores Municipais
Poder Judiciário	Supremo Tribunal Federal (STF), Supremo Tribunal de Justiça (STJ), Tribunal Superior Eleitoral (TSE), Tribunal Superior do Trabalho (TST), Superior Tribunal Militar (STM)	Tribunais Regionais (TRF, TRE, TRT), Tribunal de Justiça do Estado (TJ) e Tribunal de Justiça Militar (TJM)	Seções Judiciárias, Varas, Foros, Varas Especializadas, Juntas Eleitorais, Varas do Trabalho

---

39   Não existe Poder Judiciário municipal. No município estão as representações do Tribunal de Justiça (Estadual) e dos tribunais federais (regionais), exceto STJ e STF.

Os desdobramentos da Operação Lava Jato no estado do Rio de Janeiro, por exemplo, culminaram com a prisão de cinco ex-governadores[40] — Anthony Garotinho, Rosinha Matheus, Sérgio Cabral, Luiz Fernando Pezão e Moreira Franco, alguns deles cumprindo pena e outros, prisão temporária ou preventiva —, demonstrando claramente que conflitos de interesse nos estados não apenas ocorrem, mas podem alcançar o desenho de complexas organizações criminosas, envolvendo tráfico de drogas e de armas, corrupção e lavagem de dinheiro, dentre muitas outras tipologias criminais. O arranjo criminoso é tão pesado ali que a Polícia Federal constatou que, mesmo já preso, o ex-governador Sérgio Cabral mandou levantar informações sobre o juiz responsável pela Lava Jato no Rio de Janeiro, Marcelo Bretas, incluindo dados de sua família — uma clara atitude de ousadia e ausência de temor diante das normas e dos poderes legalmente estabelecidos, típica de integrantes do crime organizado.

Mudando de nível federativo, um caso ilustrativo de que conflitos de interesses podem envolver toda uma gestão municipal é o do município de Cabedelo, no estado da Paraíba, onde 11 dos 12 vereadores municipais foram presos de uma vez[41] em operação da Polícia Federal que acusa desvios de 30 milhões de reais, também num arranjo de crime organizado, além de terem sido afastados outros 85 servidores municipais — inclusive o prefeito, o ex-prefeito e o presidente da Câmara Municipal.

---

40 Revista IstoÉ. *Cinco ex-governadores do Rio já foram presos*. Disponível em: < https://istoe.com.br/cinco-ex-governadores-do-rio-ja-foram-presos/>. Acesso em: 02 de mai. 2019.

41 G1. *Prefeito e vereadores de Cabedelo, PB, são presos em operação da Polícia Federal*. Disponível em: <https://g1.globo.com/pb/paraiba/noticia/operacao-xeque-mate-combate-corrupcao-na-administracao-de-cabedelo-pb.ghtml>. Acesso em: 11 de mai. 2018.

Conclusão do segundo pilar

Podemos observar que existem conflitos de interesses em tudo o que tem a ver com as esferas governamentais nos seus três poderes — a criação da lei, a fiscalização da lei e o governo executivo. E a empresa escolhe dividir não só os 30%, 40% de seu *cash* com o governo por meio dos impostos, mas também dar um bilhão ou o que o valha para *irrigar* todo esse mecanismo de conflitos de interesses e se assegurar ou avançar favoravelmente no mercado.

Recentemente, a versão brasileira do jornal *El País* apresentou os resultados de uma pesquisa[42] em que pesquisadores brasileiros modelaram matematicamente as redes de relacionamentos dos esquemas de desvio de dinheiro público no Brasil[43] que foram registrados pela imprensa desde 1987 (início da redemocratização) até 2014 (ano de corte da pesquisa). O intuito da pesquisa foi o de verificar a ocorrência de padrões e buscar compreender como funciona o mecanismo de corrupção no país — e, eventualmente, antever e desarticular formações de redes futuras. Escândalos como o dos Anões do Orçamento, Dossiê Cayman, Pasta Rosa, Máfia dos Fiscais, compra de votos para reeleição presidencial, CPI do Banestado, Mensalão e Operação Lava Jato estão entre os 65 escândalos de corrupção levantados e mapeados, a partir dos quais foram identificados 404 nomes, entre políticos, empresários, funcionários públicos, doleiros e "laranjas".

É claro que não é apenas iniciativa da empresa atuar junto aos governos de forma ilícita — a iniciativa pode partir do lado

---

42 OLIVEIRA, Regiane. *Por trás do verdadeiro mecanismo de corrupção no Brasil.* Disponível em: <https://brasil.elpais.com/brasil/2018/03/28/politica/1522247105_599766.html>. Acesso em: 02 de jul. 2018.

43 RIBEIRO, Haroldo V.; ALVES, Luiz G. A.; MARTINS, Alvaro F.; LENZI, Ervin K.; PERC, Matjaz. The dynamical structure of political corruption networks. *Journal of Complex Networks, 2018 Jan., cny002.* Disponível em: <https://academic.oup.com/comnet/advance-article-abstract/doi/10.1093/comnet/cny002/4823561?redirectedFrom=fulltext>. Acesso em 03 de jul. 2018.

76   Conflito de Interesses e Serum Anticorrupção

governamental, e sobre isso não faltam exemplos nem legislação que identifiquem esse tipo de crime. No entanto, a perspectiva de arranjos cômodos para alcance e manutenção de poder dos agentes públicos é objeto de estudo à parte e merece obras específicas que resultem de pesquisas novas e já existentes com esse foco, como a que apresentamos anteriormente. Esses estudos e pesquisas podem auxiliar a identificar os elos frágeis que facilitam a ocorrência de conflitos de interesses no Estado e permitir a elaboração de documentos e encaminhamentos como os da Assembleia Nacional francesa, que lançou um relatório de informação sobre a deontologia — ou a ética (e a violação dela) — dos servidores públicos e o enquadramento de conflitos de interesses[44]. Muito bem desenvolvido, o relatório buscou fazer um balanço dos dispositivos de prevenção e de resolução das violações éticas e dos conflitos de interesses aos quais os agentes públicos podem estar expostos ao longo de seu exercício de função e também ao assumirem ou ao se desligarem dele. Ao sublinhar a excelência das funções públicas francesas, o relatório destaca como primordial punir os agentes públicos que faltam com suas obrigações e trazem prejuízo à reputação dos demais, e sugerem mecanismos adicionais de controle, que visam consagrar uma evolução ao tratamento da ética pública na França, em atendimento às expectativas de seus cidadãos. Dentre outras recomendações, o documento orienta que é necessário ensinar o comportamento ético social e profissional desde os primeiros anos escolares, bem como desde o momento em que o servidor assume sua função pública (seja ele efetivo, comissionado ou com outro tipo de vínculo), e que deve ser contínuo ao longo de sua vida e carreira pública, implicando também os sindicatos e demais representações de classe na mesma tarefa. O relatório recomenda, ainda, um reforço na observação da vida pregressa do servidor, especialmente daquele que é

---

44 ASSEMBLÉE NATIONALE FRANÇAISE. *Rapport d'Information n° 611, de l'Assemblée Nationale, sur la déontologie des fonctionnaires et l'encadrement des conflits d'intérêts (le 31 janvier 2018).* Disponível em: <http://www.assemblee-nationale.fr/15/rap-info/i0611.asp>. Acesso em: 03 de jul. 2018.

indicado para um posto de confiança, já que ele pode ser portador de conflitos de interesses do setor privado onde tenha atuado anteriormente — como os exemplos que relatamos da SEC americana, que tem tido, por décadas a fio, ex-funcionários ou consultores dos cinco maiores bancos americanos em sua direção (e por meio dos quais se realizou a desregulamentação do setor bancário americano). Da mesma forma, o relatório recomenda o acompanhamento da vida do servidor após seu desligamento do Estado, de modo a observar comportamentos de conflitos de interesses, como o tráfico de influência ou o benefício de empresas privadas por fazer uso de informações privilegiadas obtidas em sua antiga função pública.

Esse é um exemplo de uma abordagem mais aprofundada sobre as origens dos conflitos de natureza ética que envolvem o exercício da função pública, cujas discussões não devem se restringir ao ambiente intraorganizacional nem aos momentos de penalização administrativa ou de judicialização, mas devem fazer parte de um trabalho mais amplo, desenvolvido desde os tempos escolares a fim de preparar o indivíduo para constantes reflexões sobre si mesmo, seu papel interativo na sociedade e o legado de suas ações, uma perspectiva que conecte passado, presente e futuro, com vistas a uma atitude equilibrada entre o bem individual e o bem comum.

Capítulo 3
Terceiro pilar

Validação pelos componentes internos da estrutura organizacional

A repartição interna do bolo: conflitos de interesses no interior da empresa

Como vimos no início do livro, os diversos setores da empresa — seja qual for o modelo organizacional que ela tenha — vão competir entre si para conseguir melhor situação na repartição do bolo orçamentário anual (Figura 2). Vimos como os conflitos de interesses se manifestam de forma prática no ambiente externo da empresa. Agora, vamos identificá-los no todo interno da empresa, em sua estrutura, mapeando sua ocorrência e as maneiras de evitar, lidar e corrigir esses conflitos.

Assumamos, como exemplo, o modelo organizacional mais comumente encontrado nas empresas — o modelo matricial ou departamental (embora os conflitos de interesses se estendam a todos os modelos de organização). Nele, encontramos, departamentalizados, os diversos setores necessários ao funcionamento da empresa: planejamento, finanças, jurídico, marketing, vendas, pesquisa & desenvolvimento (P&D), logística, suprimentos, recursos humanos (RH), tecnologia da informação (TI), comunicação e responsabilidade social. Todos esses departamentos têm suas demandas, precisam garantir seu orçamento e mostrar resultados positivos e impactantes para a empresa no desenvolvimento de seu trabalho.

Por causa dessa disputa, os departamentos costumam decair, perder ou mesmo ignorar as condições necessárias de cooperação para que a empresa se desenvolva em prol do crescimento de seu negócio. Perde-se a visão finalística que interliga processos, funções e atividades de cada departamento para que o negócio aconteça — podemos dizer que acontece uma espécie de alienação departamental: a parte desconhece (voluntariamente ou por herança cultural interna) que faz parte do todo e passa a se comportar como se fosse independente ou isolada, como se a razão de sua existência tivesse fim em si mesma, embora o discurso, contraditoriamente, seja de que seu trabalho desempenhe benefício fundamental para a existência e o andamento saudável da empresa.

Logo, percebemos que disputas geram uma inevitável (e, por vezes, conveniente) postura de alienação dos competidores, e os conflitos de interesses tendem a ocorrer mais quanto maior o grau de alienação departamental em relação ao todo da empresa, ao seu negócio e aos processos que o fazem acontecer, ao seu *timing* e à sua inserção no mercado.

Outro impacto que se desdobra das animosidades internas é a perda de validação interna da empresa e de seu negócio. Uma vez que a alta direção da empresa precisa decidir sobre a repartição do bolo (Figura 2) — e ela dificilmente será proporcional, por causa, naturalmente, do tipo de trabalho que cada setor desenvolve, dos custos, prazos e timings de cada um, e também por conta do planejamento estratégico da empresa —, rivalidades e retaliações poderão surgir dos setores que se sentirem desfavorecidos.

Nesse sentido, a gestão de conflitos de interesses internos deve ser conduzida da forma mais transparente possível, evitando-se, ao máximo, retornos pela mesma moeda. A alta direção deve responder a conflitos de interesses com ética, transparência, objetividade e cooperação, num processo de negociação interna sem reprovações quanto à ética de sua gestão. Caso, da parte da alta direção, ocorram conflitos de interesses também, certamente isso se refletirá na perda de foco da condução da empresa, e o negócio, salvo intervenção também nos níveis decisórios, estará com seus dias contados.

Em meu livro *Newgotiation*, mostro como desenvolver um processo de negociação em busca de ganho para todas as partes nele envolvidas, especialmente quando se trata de negociações complexas, isto é, que envolvem múltiplas partes na negociação. Quer para resolver conflitos de interesse internos, quer externos, quer na iniciativa privada ou no setor público, os princípios de conduta serão os mesmos, sendo a estratégia e a tática definidas em função das peculiaridades de cada negociação — o que também abordo no livro.

Capítulo 4
Quarto pilar

O indivíduo — trabalhador, cliente, fornecedor, pequeno acionista e cidadão: os múltiplos papéis do indivíduo e os conflitos de interesses no exercício dessa multiplicidade

O mapeamento dos conflitos de interesse no âmbito da empresa, até o momento, abrangeu aspectos das relações institucionais entre empresas, da empresa com o governo e aspectos intraorganizacionais. Agora é o momento de se desdobrar em frações menores e chegar até a escala do indivíduo para compreender melhor onde começa essa natureza de conflito — digamos, encontrar a *dimensão fractal* dos fenômenos de macroescala. Há momentos em que a empresa terá que negociar com o indivíduo, então vejamos quais são essas interações e os conflitos de interesses que elas podem engendrar.

Os conflitos de interesses do indivíduo resultam de uma multiplicidade de interesses que dependem do papel que ele desempenha em cada momento de sua existência. Diferentemente da empresa ou do governo, que têm seu papel bem definido (ao menos, sob a perspectiva legal), o indivíduo se vê como uma unidade intelectiva, emocional,

84 Conflito de Interesses e Serum Anticorrupção

física e histórica diante de variados contextos ao longo de um mesmo dia, o que lhe atribui diferentes papéis: ora como uma pessoa com nome e identidade pessoal, ora como chefe de família, como trabalhador, empresário fornecedor de bens ou serviços, pequeno acionista, cidadão. Considerando que cada "papel social" tem sua finalidade, os interesses do indivíduo variam diante das oportunidades e das ameaças, gerando conflitos entre esses interesses, e isso pode levá-lo a perder a coerência interna de suas decisões[1].

Vejamos como esses conflitos surgem, observando, primeiramente, alguns dos papéis sociais que o indivíduo exerce e as ameaças e oportunidades dos ambientes relacionados a esses papéis para, então, entender o conflito de todos os papéis no interior do indivíduo e como lidar com eles.

O trabalhador

Comecemos com o indivíduo dentro da empresa. Se sou um trabalhador, terei o desejo de aumentar meu salário junto à empresa, mas vejo problemas com o neoliberalismo e a tendência regressiva que as políticas sociais têm sob sua batuta — indo ao encontro do que diz Robert Reich, que foi ministro do Trabalho do governo de Bill Clinton. Nos Estados Unidos, segundo o senador democrata Bernie Sanders, que concorreu com Hillary à candidatura como democrata para a presidência americana, as classes médias em seu país estão caindo — seja entre trabalhadores empregados, seja entre terceirizados ou micro/pequenos empreendedores, já que dois terços das pessoas nos EUA não vivem de salário, mas de contrato, isto é, de comércio, de nota fiscal. Houve perda relativa de poder aquisitivo com o processo inflacionário decorrente da crise americana de 2008. Como efeito da crise, a insegurança econômica atingiu diretamente a classe média. Se

---

1 Sobre esse processo, recomendamos a leitura de RAIFFA, HOWARD. *Negotiation Analysis*. Cambridge: Harvard University Press, 2002.

O indivíduo: Trabalhador, cliente, fornecedor, pequeno acionista e cidadão... **85**

uma família americana, hoje, quer comprar uma casa, um carro e ter um filho, o chefe de família fica com pressão alta, porque não sabe se daqui a 3 meses poderá comprar o leite do bebê, dado que a insegurança econômica trouxe uma perda de algo como 20% na receita do trabalhador.

No Brasil, a rápida ascensão e queda da chamada "classe C" do status de classe média foi observada entre os governos Lula e Dilma — e, hoje, essa classe engorda suas fileiras com a entrada de indivíduos outrora da classe B que perderam poder aquisitivo com a grave crise econômica que assola o país desde o último mandato "encurtado" de Dilma, agravada com a entrada do Vice-presidente Temer no poder. Houve uma relativa perda de poder aquisitivo com a inflação e, agora, há perda efetiva de poder aquisitivo com a deflação — o Brasil "apanhou" da inflação e dos juros altos e agora e vive os efeitos deflacionários de redução dos salários, da precarização do trabalho, dos altos índices de desemprego e da informalização da economia, com novo aumento da concentração de renda — agravados pela reforma trabalhista e pelas restrições e desvios orçamentários desde o governo Temer. Agregada a chance de o trabalhador ter que permanecer mais tempo buscando ou tentando manter seu "lugar ao sol" no mercado de trabalho com o aumento da idade mínima para aposentadoria, a partir da reforma da Previdência, e no contexto de um país que atinge a marca histórica de 14% de desempregados, esse é o cenário ameaçador que ronda o assalariado no contexto da empresa, e que pode levá-lo, diante da oportunidade de um arranjo cômodo, a escolher abrir mão de sua ética para evitar a chance de voltar para a fila dos desempregados. Essa pode ser tanto a atitude do porteiro de um abatedouro que não segue as regras da vigilância sanitária, mas que ele prefere não denunciar e deixar as pessoas correrem risco ao comerem carne contaminada para não perder seu emprego, quanto a de um CEO que, sabendo que tem a chance de sair de seu posto em 4 anos ao ler a revista *Fortune 500*, assina um contrato de gaveta para enviar divisas não declaradas de sua empresa ao exterior, contrapondo a lei brasileira. Existe, também, conflito de interesses do trabalhador que pode querer reduzir a massa salarial para aumentar os lucros das ações que ele tem na empresa onde ele trabalha. Assim vem o dilema, se ele prefere uma "sociedade do salário" ou, como George W. Bush sugeriu, uma "sociedade do capital", onde você ganha mais com as suas ações na bolsa que com o seu salário. Também o trabalhador pode ter o dilema, conflito de interesses, de saber que o produto da empresa é perigoso para a sociedade, mas se calar para manter o seu trabalho. Comprometer-se, manipular, ser covarde e ganancioso são todos sintomas que podem produzir conflitos de interesses.

O cliente

O indivíduo como cliente depende da produção de larga escala agropecuária e industrial. Ao observarmos a lei da oferta e demanda no contexto da economia brasileira, com um grande rol de fornecedores diante de um imenso mercado consumidor, é possível perceber que os preços de mercado poderiam ser mais justos, mas que isso se desfavorece diante de um cenário de crescente concentração de fornecedores. A fusão da Dow Chemical e da DuPont por 130 bilhões de dólares e a aquisição da Monsanto pela Bayer por 63 bilhões de dólares exibem formas de concentração de poder econômico gigantescas nos mercados químico e agrícola em que atuam. A JBS Friboi é um exemplo de concentração nacional e internacional de poder econômico no mercado dos frigoríficos. Estamos cada vez mais num ambiente de mercado com domínio de indústrias monopolísticas — para comprar livros fora da Amazon, você não tem muita escolha; fora da Uber, você não tem muita escolha; fora do WhatsApp, você não tem muita escolha; fora da Netflix, você não tem muita escolha; fora da Boeing e da Airbus, não tem muita escolha; fora da Apple e da Microsoft, não tem muita escolha; fora do Itaú e do Bradesco, não tem muita escolha; fora dos preços da Petrobras, não tem nenhuma escolha.

Estamos assistindo a uma concentração importante dos mercados, da qual, normalmente, a democracia, que é o contrapeso do capitalismo, deveria nos proteger, mas não o faz, porque a empresa tem tanto "poder de canhão" que acaba por suplantar a democracia e dominar essa aliança. E o que acontece? O cliente pode acabar pagando mais caro em muitas indústrias pela simples razão do monopólio. Você até compra uma passagem de avião hoje com uma concorrência que traz maior variação de preço — é verdade que há muita competitividade, já que uma desregulamentação permitiu isso —, e, em algumas oportunidades, você realmente pagou bem menos, mas em muitas indústrias ainda se paga muito mais caro, por causa do estabelecimento de monopólios.

Quando, porém, as escolhas são possíveis e mais amplas, o cliente corre o risco de se basear apenas no critério econômico — seja pelo baixo poder aquisitivo, seja pela cultura do "mais barato": o cliente não consegue ou não quer comprar algo que lhe seja efetivamente mais benéfico, como um alimento orgânico, um grão ou derivado livre de transgênicos, uma bebida em garrafa de vidro em lugar de garrafa plástica, uma roupa confeccionada sem exploração de mão de obra subempregada, e passa a pagar por uma carne ou um leite de origem desconhecida que fizeram lobby para não sofrer controle sanitário nem rastreamento, um remédio genérico, eventualmente fora do controle de produção, roupas da "indústria do suor" asiática ou um derivativo de subprime que não sofreu fiscalização da Securities and Exchange Commission. A empresa, que deveria ser fiduciária e inspirar confiança ao cliente, usa de conflito de interesses para enganar o consumidor e transformar a realidade de qualidade e preço, e o cliente ou consumidor, por sua vez, não procura conhecer o produto que compra ou o serviço que contrata, acomodado com o pseudobenefício da ignorância, ou refém da restrição de escolhas que o orçamento pode lhe trazer. Ao mesmo tempo, todo dia o cliente tem conflitos de interesses na hora de comprar uma garrafa de água de vidro mais cara ou de plástico poluente, uma água vinda da Europa e que custou muito CO_2 para chegar ao Brasil ou uma água local. O consumidor poder preferir um produto mais barato, sabendo que vem de um país onde o trabalhador é explorado: como conciliar o seu interesse pessoal e o bem público do planeta ou de outros seres humanos? Todos os dias enfrentamos conflito de interesses nas nossas escolhas entre nosso bem-estar, satisfação e o pensamento de economia positiva que nos responsabiliza com outros seres humanos, futuras gerações e sustentabilidade do planeta. Nas nossas compras de atum vermelho no sushi, nas nossas escolhas de compras de carro, de produtos não recicláveis: cada um tem conflito de interesses, justificados como arranjos cômodos. Se você tem vergonha, consciência de que não está certo, é, muitas vezes, a prova que existe um conflito de interesses, uma falha ética.

O fornecedor

E o que ocorre com o indivíduo em seu papel de empresário fornecedor de bens e serviços num ambiente monopolista? Vejamos. Suponhamos que, para cada funcionário da Petrobras, haja três que sejam terceirizados, e, nesse movimento "migratório" de tarefas, muitos custos e responsabilidades da empresa são "empurrados" para o fornecedor desses serviços. Ou então a situação do fornecedor que recebia do fluxo de caixa da Ambev em 120 dias, mas perdeu poder de negociação com a concentração oligopólica das grandes indústrias de bebidas e hoje recebe em 180 dias, deixando os grandes acionistas da cervejaria felizes na Suíça.

O indivíduo: Trabalhador, cliente, fornecedor, pequeno acionista e cidadão... 89

Os fornecedores de bens e serviços em ambientes monopolistas acabam recebendo uma carga mais pesada de responsabilidades em função dessa "transferência" à terceirização realizada pelas empresas dos grandes monopólios, já que lhes resta um poder de barganha ou negociação muito menor. Experimente negociar mudanças no contrato de empréstimo com o Itaú ou com o Bradesco, ou mesmo com a Caixa ou o Banco do Brasil. Experimente clicar em "não aceito" nas condições de adesão ao contrato com a Microsoft ou a Apple, com o Facebook ou o WhatsApp. Experimente questionar os contratos com as quatro operadoras telefônicas no Brasil. Não há nem como discutir condições contratuais, e isso resulta mormente de condições monopolistas, porque mesmo as normas que regem esses contratos já receberam forças de lobby junto ao governo para serem mais favoráveis aos maiores. Grandes marcas, como Apple ou Ambev, se vangloriam de ter muita liquidez, muitas vezes por estrangular os fornecedores com baixo fluxo de caixa e alto endividamento. Se você paga o seu fornecedor em 120 dias, se você tem uma cultura de quebrar o braço do fornecedor com lei de Gérson, você não pensa a longo prazo. As empresas com maior rentabilidade são as empresas com capital fechado ou empresas familiares que podem se dar o luxo de pensar a longo prazo e não na ganância do mercado de especulação de "quarter earnings", e outros investidores que ficam apenas 0.33 segundos na sua empresa de capital aberto. Hoje, empresas como a American Airlines criaram ações que não podem ser vendidas dentro de 10 anos, assim a empresa pode cuidar melhor de treinamentos, proteger os riscos para a marca durante 10 anos, cuidar de relacionamento de qualidade com cliente externo, interno (trabalhador) e com os fornecedores. Fornecedores são parceiros que precisam inovar, garantir qualidade, reduzir os riscos; se você estrangula os fornecedores, muitas vezes acaba sendo um tiro no pé. Se sobrar apenas um fornecedor, amanhã você perderá o seu poder de barganhar e comprará mais caro.

90 Conflito de Interesses e Serum Anticorrupção

Essas restrições sujeitam o indivíduo a não ter muita escolha se precisar de um serviço essencial como o bancário, o de comunicações ou o de softwares, mesmo que ele não concorde com a política ou as taxas de serviço cobradas, com as políticas de contratação subumana de empregados, com a evasão fiscal da empresa, com a falta de transparência de suas ações ou com a venda de dados pessoais não autorizada.

O pequeno acionista

Digamos que, em algum momento, o indivíduo entenda que é preciso fugir do sistema bancário para obter melhor rendimento de suas economias e decida comprar ações de uma empresa. Ele, então, adquire cotas acionárias da Petrobras ou da Vale em montantes que caibam no seu bolso, optando por empresas grandes e que transmitam sensação de segurança e de sustentabilidade do seu negócio.

Entretanto, a Petrobras não vai bem. A Operação Lava Jato abriu uma "caixa de Pandora" e mostrou que a saúde financeira da empresa estava seriamente comprometida com uma nuvem de conflitos de interesses estruturada na forma de crime organizado, com danos pagos, ao mesmo tempo, pelo contribuinte e pelo consumidor de combustível. A Vale aparece na imprensa com um prêmio-denúncia de ser a empresa menos sustentável socioambientalmente do mundo, e tem duas barragens de sua propriedade rompidas em três anos, causando danos socioambientais imensuráveis e apresentando resistência de várias formas para arcar com sua responsabilidade administrativa, civil e penal. Aí, o indivíduo se reúne com a assembleia de pequenos acionistas para discutir a troca da direção da empresa, e quem ele encontra no caminho? Os grandes investidores, ou sócio-acionistas majoritários, como a Previ, a Petros ou a Funcef, que estão entre os maiores fundos de pensão do país. Esses fundos são formados das contribuições previdenciárias em regime privado de trabalhadores do

Banco do Brasil, da Petrobras e da Caixa Econômica Federal, respectivamente, e são bilionários, com um poder gigantesco de investimento para compra de ações de grandes empresas, a fim de obter, com o bom desempenho financeiro delas, rendimentos para a previdência de seus milhares de trabalhadores e pagar sua aposentadoria.

E a outra má notícia é que os fundos previdenciários privados também não vão bem[2] e fecharam o ano de 2016 com um rombo de 70,6 bilhões de reais, segundo o setor do governo que regulamenta os fundos de pensão, a Superintendência Nacional de Previdência Complementar (Previc). Então, se os grandes fundos de pensão já dominavam as escolhas dos dirigentes das empresas das quais são acionistas majoritários, imagine agora, que sofreram perdas financeiras e vão tentar recuperá-las a "qualquer preço" — como fica a voz dos pequenos acionistas, ainda que em assembleia? Sua voz não deve nem ecoar para além das paredes da sala da reunião. E mesmo que se decida por comprar uma sucateada refinaria de Pasadena, que os pequenos acionistas eventualmente tenham investigado e entendido como um mau negócio para a Petrobras, não haverá nenhuma chance de serem ouvidos no processo de gestão dos ativos, passivos e aquisições da empresa[3]. Assim, caso haja qualquer problema de desvalorização de ativos por causa de manobras escusas na gestão da Petrobras, será inevitável para o pequeno acionista evitar o choque do prejuízo, mesmo que o tenha prenunciado formalmente aos majoritários influenciadores das decisões.

Você poder ser cliente da Uber, acionista da Uber, motorista da Uber, mas quando você veste um chapéu de cidadão, será que você

---

2 Revista Veja. *Fundos de pensão têm rombo de 70,6 bilhões no Brasil.* Disponível em: <https://veja. abril.com.br/economia/fundos-de-pensao-tem-rombo-de-r-706-bilhoes-no-brasil/>. Acesso em: 13 de mai. 2018.

3 Para orientações sobre como agir em situações como essa, conferir a publicação de SUSSKIND, LAWRENCE; CRUIKSHANK, JEFFREY; DUZERT, YANN. *Quando a maioria não basta: métodos de negociação coletiva para a construção de consenso.* Rio de Janeiro: FGV, 2008.

quer que o seu filho viva como 80% dos americanos, de cheque mês a mês (em vez de contracheque de assalariado) sem saber o que vai ganhar amanhã? Será que você quer que o seu filho receba um cheque, em vez de um salário bruto, que facilita a cotização de seguro desemprego, aposentadoria e facilidade de crédito para comprar uma casa? Se o motorista é Uber, o advogado é Uber, o médico é Uber, o professor é Uber, quem vai pagar o imposto para o policial, a creche e a estrada? Não vão ser os fundadores bilionários nos EUA ou fundos de investimento baseados em paraísos fiscais. Existe, então, um outro dilema, quando somos pequenos acionistas e não vestimos o chapéu de cidadão.

O cidadão

E, finalmente, entra em cena o cidadão. No meio de tantos papéis, o indivíduo como cidadão carrega um enorme conflito de interesses e é aí que podemos reunir os cenários de todos os papéis do indivíduo para entender como esse conflito de interesses se configura.

Com a ascensão da Terceira Revolução Industrial conforme descrita por Jeremy Rifkin (também entendida como Quarta Revolução Industrial por outros autores, a partir de outros métodos de estudo e classificação), é amplamente observável que a economia tende para o custo marginal próximo de zero, com efeitos como a redução do consumo da gasolina ou da quantidade de empregados para executar as mesmas tarefas. É, talvez o capitalismo tenha feito bem seu trabalho. Talvez a abundância de bens e serviços com custo marginal reduzido, cenário teórico de um capitalismo bastante bem-sucedido, esteja contraditoriamente levando o próprio capitalismo ao seu fim. E, como cidadão, será que você está feliz com isso? Você se sentiria bem passando de uma economia capitalista para uma economia de compartilhamento, em que ter ou possuir não é mais tão importante nem tão viável assim? Você sente que está ganhando com esse jogo?

O indivíduo: Trabalhador, cliente, fornecedor, pequeno acionista e cidadão...   93

Vamos ilustrar. Digamos que você seja comissário de bordo de uma companhia aérea — da American Airlines, por exemplo. Como trabalhador, você nota que seu padrão de vida caiu com a depreciação de seu salário. Seu colega piloto ganha três ou quatro mil dólares por mês, enquanto, antigamente, eram 10 mil dólares — e o piloto da Air France, que ganhava 10 mil euros, também teve queda nos rendimentos para, no máximo, seis ou sete mil euros. E ainda recebiam uma "cesta de benefícios", que contava com previdência social, seguro e outras facilidades, mas, agora, você e ele pagam, cada um, sua previdência privada. Com toda essa precarização relativa, você veste o seu "chapéu" de *funcionário* da American Airlines e vai trabalhar chateado, às vezes mal tendo representação sindical. Mas como *cliente* da American Airlines, sua passagem Rio–Orlando sai até 50% mais barata em relação a dez anos atrás — hoje sai por algo como 800 dólares; antigamente, girava em torno dos 2 mil dólares. Como você lida com esse conflito entre seus dois papéis — o de funcionário e o de cliente? Você prefere o preço mais alto da passagem e suas condições de trabalho anteriores, ou você prefere o preço mais baixo com condições mais precárias de trabalho, mas com maiores chances de viajar de avião?

E os conflitos de interesses não param. Se você tem ações da American Airlines, mesmo que seja comissário ou piloto, desejará que a rentabilidade das ações seja de 10% para mais, e, portanto, será preciso lançar a conta desfavoravelmente sobre o trabalhador ou sobre o cliente. Para ganhar nas ações, você aceita que as passagens saiam mais caras e que o trabalhador seja proletarizado.

Por fim: como cidadão, você deseja que a companhia neutralize todas as suas emissões de carbono, já que o modal aéreo é o maior emissor de gases de efeito estufa dentre os demais tipos transportes? Esse "custo a mais", entretanto, encarece a empresa e diminui a margem de lucro e os dividendos dos acionistas, assim como a atratividade das ações para investidores sedentos de margens maiores, o que as desvaloriza. Qual será sua escolha?

Ao contrário de conflitos comumente duais no âmbito de interesses organizacionais, o indivíduo assume uma multiplicidade de conflitos de interesse, dado que assume uma multiplicidade de papéis sociais. Quando assumimos nosso papel ou vestimos nosso "chapéu" de consumidor, temos um conflito de interesses com nosso "chapéu" de trabalhador, outro com nosso "chapéu" de acionista e outro com nosso "chapéu" de cidadão, para exemplificar alguns deles.

Vejamos outra situação. Digamos que eu seja consumidor de água mineral. Com meu "chapéu" de cidadão, quero uma água que tenha um transporte ecológico e reciclagem do frasco, e talvez aceite pagar em uma garrafa 4 reais, em vez dos 2 reais módicos de mercado. Não sou, entretanto, coerente com minha escolha em meu local de trabalho, porque escolho a de menor custo para a minha empresa ou para a minha sala, que "racha" o preço da garrafa, aquela de 2 reais.

E como trabalhador? Quero minha aposentadoria garantida por um fundo público gerido pelo governo e de baixo risco, mas prefiro que você não tenha aposentadoria e que viva de seu comércio — isto é, de nota fiscal ou contrato —, porque aí o peso dos impostos recai mais sobre você do que sobre mim! Ou, então, que você se aposente bem mais tarde do que eu, para continuar sustentando um sistema de privilégios sem sentido para os parlamentares do Legislativo e os membros do Judiciário — estes, que até dez anos atrás diziam que "não basta ser legal, tem que ser moral", mas que, desse tempo para cá, com a corrupção de seus valores morais por meio da concessão progressiva dos mesmos "auxílio isso e aquilo", já admitem, em grande parte, que "tudo bem que é imoral, mas pelo menos não é ilegal" —, louvor aos que rejeitam expressamente esses privilégios sem sentido numa sociedade desigual!

Esses poucos exemplos nos mostram que, para nós, indivíduos, é muito difícil conseguir uma coerência — você, eu, todos nós. Nós todos queremos o aquecimento global somente até 1,5°C a mais em

O indivíduo: Trabalhador, cliente, fornecedor, pequeno acionista e cidadão... 95

2100, no nível máximo de redução de emissões de gases de efeito estufa, mas não prestamos atenção suficiente em nossas escolhas. Todos decidimos viajar de avião para Fortaleza nesse verão. Também vamos preferir um produto que vem da China, como nosso iPhone. Isso mostra que nós temos muitas lógicas de compromisso individual de consumo, status, poder e privilégios, que não temos como cidadão.

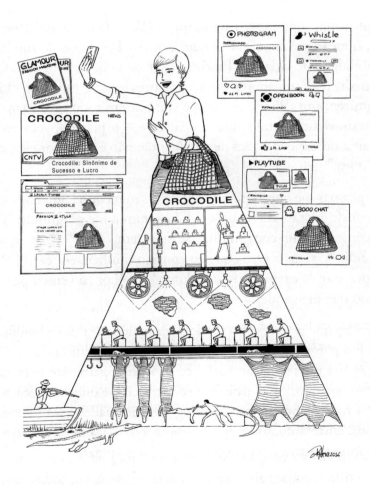

Figura 6. Conflito de interesses do indivíduo: cidadão ou consumidor?

Tomar decisões coerentes pode nos levar a situações de constrangimento. Costumo dizer que as pessoas devem rir de mim porque ainda tenho um iPhone 4, e, confesso que, se pudesse, ainda teria meu antigo BlackBerry. Não compro telefone toda hora — para que passar para um iPhone 5, para ter apenas 1 milímetro a menos em meu bolso? Ou: "Vou ter um iPhone 6 para parecer um cara legal, com dinheiro."? Não. Só vou ter um iPhone novo quando este meu quebrar ou se for roubado.

Outro dia, uma pessoa perguntou: "Você tem carro?" Respondi: "Não, nunca tive carro." "Por quê?", ouvi. "Por causa de minha responsabilidade de cidadão. Prefiro viajar de táxi, de Uber, de Cabify e mutualizar o transporte a ter o meu carro. Se todos os chineses consumirem um iPhone por ano e comprarem todos um carro cada, nós estamos ambientalmente "lascados" — o planeta, seus recursos naturais e nossas condições de vida! Então não espero por eles; começo de mim."

As pessoas me questionam: "Qual é o seu reconhecimento social, o seu fator de adesão, de sedução?" Chegaram a me perguntar: "Como você consegue sair com mulher se não tem carro?" (Tive que rir.) Respondi: "Graças a Deus que eu consigo mulher sem carro! Porque se eu precisar de carro para ser sedutor, é melhor eu vender para ela o carro do que me vender."

Percebo que esse desafio tende a ser maior para os indivíduos que vivem em países com pior distribuição de renda, em que a autoidentificação e a diferenciação social se dão principalmente pela capacidade de consumo, e não pelo bem-estar social, e onde a educação não ocupa a melhor posição no ranking de prioridades governamentais. Teremos, entretanto, todos que pensar a longo prazo — e, nesse caso, a economia positiva é o pensamento de longo prazo.

O indivíduo: Trabalhador, cliente, fornecedor, pequeno acionista e cidadão... **97**

Diante dos conflitos de interesses que vive, o cidadão se sente preso. Ele quer ter um carro para exibir sua pompa e sentir que tem poder de atração. Ou ele pode usar sua visão de cidadão que vê a longo prazo e se tornar coerente no seu consumo. Habitualmente, o que vemos é seu lado consumidor vencer o cidadão — e, contraditoriamente, ele ainda vai dizer depois que é um absurdo a corrupção do país como está! Como dizer isso, se ele está corrompido em si mesmo, sobrepondo o interesse do consumo ao da cidadania? Ele está corrompido aqui da mesma forma que o professor da universidade que aceitou valorizar as indústrias "sujas" nas campanhas de marketing delas. Tendo percebido isso, como agir?

Já me vi nessa situação: qual é minha responsabilidade quando vou fazer um treinamento para a Petrobras, que é uma indústria do combustível fóssil, quando eu deveria apoiar a indústria da energia solar ou da eólica? Surge um conflito de interesses. Tudo bem, existe uma transição energética, há necessidade de aprimoramento tecnológico para que essas trocas sejam realmente compensadoras do ponto de vista ambiental e econômico — não posso parar a Petrobras e trocar petróleo por vento num instante e achar que tudo estará resolvido. Como agir, então?

Diante de todas essas considerações, observamos que existe uma *transição*. Há uma transição necessária e inevitável para integrar os interesses de nossos vários papéis com coerência num só, privilegiando o bem comum em acordo com o atendimento de nossas necessidades. Eis a natureza dos conflitos de interesses do indivíduo — como trabalhador, cliente, fornecedor, acionista, cidadão e muitos outros papéis — e suas perspectivas diante de uma transição de era econômica, social e tecnológica. Assumimos nossa racionalidade limitada[4] quando percebemos nossa dificuldade de lidar com eles, e o processo

---

4   A compreensão de nossa racionalidade limitada é um suporte ao processo de autoconhecimento no processo de escolhas e tomada de decisões. A esse respeito, recomendamos a obra seminal de SIMON, HERBERT A. *Theories of Bounded Rationality*. Amsterdã: McGuire & Radner, 1972.

de autoconhecimento a que precisamos nos sujeitar para compreender melhor como esse mecanismo se dá dentro de nós e em nossa rotina para passarmos, em um segundo momento de abordagem deste livro, a uma busca de direção sobre como reconhecer esses conflitos em nós e como agir diante desses conflitos, buscando uma coerência interna sem autoengano. E é com esse conjunto e conflito de papéis que a empresa tem que lidar em seu dia a dia na relação com o indivíduo.

Parte 2

Serum anticorrupção

Na primeira parte deste livro, buscamos realizar uma espécie de mapeamento dos conflitos de interesses para visualizar sua estrutura e sua dinâmica, começando pela empresa e observando suas relações com os governos e com o indivíduo. Relatamos eventos que pudessem ilustrar esses conflitos e buscamos identificar formas de lidar com eles a partir de registros encontrados na literatura especializada e nas mídias jornalísticas. Percebemos o grande desafio que é a busca do equilíbrio entre os interesses privados e aqueles públicos, relacionados ao bem comum e à perpetuidade do bem-estar social como um todo.

Ao retomar a aplicação do texto *O Drama de ser Dois*, de Guerreiro Ramos, podemos dizer que o conflito de interesses nasce desse "duplo ser" do indivíduo, dessa coabitação interior, em que a tentativa de maximizar nosso interesse egoísta convive com a consciência de pensar no bem comum e nas futuras gerações; e que esse conflito, nessa dimensão fractal de sua existência, se multiplica e ganha dimensão até se projetar nas relações entre empresas e indivíduos, empresas e empresas, empresas e governos, governos e governos, e assim por diante.

Chegamos ao ponto de ver todos esses níveis relacionais ganharem escala, magnitude e frequência, gerando impactos tais quais os que observamos nos capítulos anteriores. Daí atribuir-se a noção de hipercomplexidade aos conflitos de interesses e seus desdobramentos, pela qual percebemos que não é simples compreender nem propor soluções para minimizar seus impactos sobre a vida das pessoas e sobre o bem comum numa sociedade governada pelo capital e por um emaranhado de normas. Diante desse desafio, buscamos elencar algumas maneiras de prevenir e combater os conflitos de interesses, um conjunto de prescrições que englobam não apenas aspectos mecanicistas, mas que requerem o autoconhecimento e o desenvolvimento de conhecimentos e habilidades que, integrados, favorecem a gestão de situações em que esses conflitos sejam potenciais ou efetivamente se manifestem. Apresentamos, a seguir, um elo de soluções que nascem dentro do ser humano (âmbito subjetivo) para então continuarem para fora dele (âmbito objetivo).

Capítulo 5

Entender a hipercomplexidade para buscar novas soluções

Envelhecer, qualquer animal é capaz. Desenvolver-se é prerrogativa dos seres humanos. Somente uns poucos reivindicam esse direito.

— **Osho**

O primeiro passo para melhor entender a hipercomplexidade é perceber que ela se origina já no interior do ser humano. Vamos mais a fundo. De onde se origina a falta de coerência nas camadas da sociedade? A vontade de cobiçar? A necessidade de ser mais poderoso do que os outros? Ou a completa falta de consciência, de se dar conta do que acontece? E, sobretudo, como podemos fazer parte da solução em vez do problema?

Uma resposta é a falta da visão sistêmica, holística, do problema. Ou a sua não consciência. Hoje em dia muitos conhecem cognitivamente quais são os problemas dos seres humanos e do planeta onde moramos. É praticamente impossível nunca ter escutado nada sobre o desmatamento, as mudanças climáticas, os recursos escassos e os outros milhares de problemas. Do cidadão que mora nos bairros mais chiques da cidade ao que mora nas zonas periurbanas, desde que tenham acesso razoável à educação, todos sabem, em alguma medida, que razões como a falta de planejamento urbanístico, a destruição de áreas verdes e de preservação permanente e o não cumprimento dos planos diretores urbanos são conectadas diretamente com o problema das enchentes. No mínimo, os jornais impressos e televisivos locais tratam exaustivamente desses problemas. O cidadão sabe também que quando há períodos de seca, quando não chove por longos períodos, os reservatórios hídricos que abastecem a cidade não conseguem fornecer água — e sabe até que as mudanças climáticas têm papel nisso. Só que se esse mesmo cidadão nunca experimentou a falta de água em sua casa dificilmente mudará sua atitude em relação ao consumo. A prova é que, mesmo com os jornais gritando socorro, mesmo quando a empresa de abastecimento de água lança comunicações em todo lugar para se poupar os recursos hídricos, muitos cidadãos lavam o carro ou a calçada usando a mangueira, tomam banho de vinte minutos e assim por diante, colocando seu interesse acima do da coletividade, e terminando por afetar a si mesmo também — mas com uma percepção obscurecida por causa da alienação sistêmica. O que muitas pesquisas dizem é que enquanto a pessoa não vivencia o problema, a situação, enquanto não vive a experiência direta e ela não a afeta significativamente, não pode entender quão grave seja seu comportamento de lavar a calçada desnecessariamente. O simples fato de saber cognitivamente não resolve o problema.

Outro exemplo banal: todos nós sabemos que praticar esporte e ter uma vida saudável com frutas e verduras ajuda nosso organismo a estar melhor, mas quantos de nós praticamos isso de verdade?

O saber cognitivo não funciona efetivamente se não andar junto com o nosso sistema emocional límbico e reptiliano. O simples fato de saber algo não significa que esse algo se tornará ação e comportamento. Se fosse assim, ninguém fumaria cigarros, dado que,

Entender a hipercomplexidade para buscar novas soluções   103

mesmo nos pacotes, são reportados os dados de doenças provocadas em fumantes[1].

O indivíduo deve sentir e viver em sua pele o que significa carência de água, porque assim atinge o seu sistema límbico e reptiliano (das sensações). Carência de água, para as pessoas que a experimentaram, significa não só não conseguir tomar banho, mas não conseguir cozinhar, não conseguir beber, não conseguir limpar; significa vivenciar o desconforto pessoalmente. Quem experimentou isso de maneira intensa vai ser muito atento ao desperdício. É algo que fica "grudado" dentro da pele, portanto, inesquecível.

Da mesma forma, até quando a corrupção não toca direta e pessoalmente, o ser humano não vai sentir o desconforto inaceitável.

Outra dimensão do problema é que a falta de visão sistêmica persiste dentro dos sistemas mais organizados. As empresas, privadas ou públicas, as organizações governamentais e os partidos políticos raramente têm uma visão de conjunto. Na maioria dos casos, cada um deles enxerga um pedaço do elefante — como aquela fábula indiana que conta as dificuldades dos cegos de descreverem como é um elefante[2].

---

1   VENTURINI, MARCO. *Fumo, le immagini choc sui pacchetti causano l'effetto contrario.* Disponível em: <https://www.ilfattoquotidiano.it/2015/09/21/fumo-le-immagini-choc-sui-pacchetti-causano-leffetto-contrario-spingono-a-fumare/2054153/>. Acesso em: 03 de jul. 2018.

2   Certo dia, um sábio indiano mandou chamar um grupo de cegos de nascença e os reuniu no pátio do palácio. Ao mesmo tempo, mandou trazer um elefante e o colocou diante do grupo. Em seguida, conduzindo-os pela mão, foi levando os cegos até o elefante para que o apalpassem. Um apalpava a barriga, outro a cauda, outro a orelha, outro a tromba, outro uma das pernas. Quando todos os cegos tinham apalpado o animal, o príncipe ordenou que cada um explicasse aos outros como era o elefante; então, o que tinha apalpado a barriga, disse que o elefante era como uma enorme panela. O que tinha apalpado a cauda até os pelos da extremidade discordou e disse que o elefante se parecia mais com uma vassoura. "Nada disso", interrompeu o que tinha apalpado a orelha. "Se com alguma coisa se parece, é com um grande leque aberto". O que apalpara a tromba deu uma risada e interferiu: "Vocês estão por fora. O elefante tem a forma, as ondulações e a flexibilidade de uma mangueira de água...". "Essa não", replicou o que apalpara a perna, "ele é redondo como uma grande mangueira, mas não tem nada de ondulações nem de flexibilidade, é rígido como um poste...". Os cegos se envolveram numa discussão sem fim, que virou até uma briga, onde o mais fraco apanhava dos outros; cada um querendo provar que os outros estavam errados e que o certo era o que ele dizia.

Evidentemente, quando cada um se apoia sobre uma visão limitada e parcial do conjunto, os resultados são bastante diferentes, configurando uma racionalidade limitada. O lucro da empresa privada pode contrastar com o bem-estar do planeta, pois talvez a empresa produza material altamente poluidor. A política de benefícios às teles pode entregar às concessionárias o montante que faltava para equilibrar os precários investimentos em infraestrutura no país (Figura 5). A fábrica que confecciona armas tem todo o interesse em que as guerras proliferem. Se meu país apoia outro que acaba de se declarar como ditadura, posso desejar esse apoio quando for a minha vez de declará-la.

E, por fim, ainda dentro da ótica sistêmica, temos a falta de integração social do indivíduo, que, de alguma forma, reflete o preconceito geracional como uma das principais fontes de atraso da humanidade — é importante debulhar mais esse conceito, pois ele servirá de alicerce para outros.

O preconceito geracional é uma forma sistêmica e sistemática de pôr etiquetas e de agir de forma preconceituosa a respeito das minorias — até mesmo o conceito de minorias não deve ser observado em termos propriamente numéricos, visto que, por exemplo, o Brasil tem mais mulheres do que homens em seu território, mas elas são minoria nas decisões políticas e nos cargos decisórios públicos e privados do país. O preconceito geracional freia as minorias ao acesso à cultura, à repartição correta das oportunidades, sujeitos aos conflitos de interesses da maioria. Para acabar com essa sutil forma de predomínio, precisamos agir de forma ecológica. O preconceito vive dentro de cada pessoa, nos relacionamentos, na cultura e nos sistemas. Terminar o preconceito geracional requer um esforço sincronizado abrangente e que toque todos os aspectos do ecossistema.

Eis alguns exemplos: as mulheres, em geral, recebem um salário menor do que os homens para o mesmo trabalho. Por essa razão,

Entender a hipercomplexidade para buscar novas soluções **105**

no dia 24 de outubro de 2016, as mulheres da Islândia deixaram o trabalho cerca de duas horas antes do expediente de trabalho, pois é disso que se trata: as mulheres recebem em média 30% a menos do que os colegas que desenvolvem o mesmo trabalho. Esse imenso protesto deu vida a novas medidas, tanto que a Islândia, em 2017, se tornou a primeira nação a introduzir na legislação a necessidade de cada empresa provar que paga de forma equânime e igualitária homens e mulheres[3].

Outros exemplos de preconceito geracional têm a ver com a cor de pele, origem geográfica ou étnica, credo religioso ou orientação sexual. Nem sempre é tão fácil reconhecer esses preconceitos. Segundo Hart Blanton e James Jaccard[4], das Universidades do Texas e da Flórida: "as pessoas possuem atitudes racistas inconscientes", somos cúmplices do "preconceito" por meio de várias modalidades. A primeira é por ignorância: "falta de consciência dos efeitos das próprias ações sobre outras pessoas e instituições sociais, e assim por diante". Ou seja, as pessoas desconhecem/ignoram que suas ações e padrões de fala podem promover disparidades raciais e perpetuar formas sistemáticas de racismo; elas "não conseguem ver como sua adesão às normas sociais aceitas reforça inadvertidamente as desigualdades existentes". É como escolher um candidato homem em vez de uma mulher,

---

3   Duas empreendedoras italianas estão disseminando um livro muito simples entre garotas: em *Histórias de Ninar Para Garotas Rebeldes*, Elena Favilli e Francesca Cavallo coletaram 100 histórias de mulheres exemplares e inspiradoras e escreveram um livro que vai contribuir bastante para o desenvolvimento de uma sociedade mais justa. A observação delas está na frente de todos: "*Raramente, as meninas escutam histórias sobre grandes mulheres, mulheres que conseguem viver suas vidas de forma independente, perseguindo seus sonhos, quer sejam de arte, de ciência, de esporte e assim por diante. Portanto, elas crescem se espelhando sempre em modelos masculinos, o que determina que muitas garotas abandonem o que elas querem, vestindo o papel da mulher tradicional*". Mesmo nos países onde a mulher tem acesso à cultura, essa cultura propõe somente heróis masculinos. Igualmente, as inúmeras minorias, quer sejam étnicas ou religiosas, não são integradas na sociedade. Referência completa: Favilli, Elena; Cavallo, Francesca. *Histórias de Ninar Para Garotas Rebeldes*. São Paulo: Vergara & Riba Editoras, 2017.

4   BLAMTON, HART; JACCARD, JAMES. *Unconscious Racism: A Concept in Pursuit of a Measure*. Annual Review of Sociology, 2008. 34:277-279. Disponível em: <http://www.rci.rutgers.edu/~waltonj/404_rr/unconscious%20racism.pdf>. Acesso em: 03 de jul. 2018.

considerando um preparo escolar igual e uma experiência profissional muito parecida.

A segunda forma de preconceito tem a ver com a causa que provoca o comportamento: uma sociedade como a nossa, permeada de estereótipos, facilmente influencia mesmo as mentes mais críticas, pois a insistência é constante, um dia após o outro. Em 2016, a revista *Superinteressante*[5] divulgou um vídeo de dois minutos para entender como a cultura do estupro se instaura sutilmente e ocultamente: é suficiente uma telenovela mostrar um homem brutal e rude, mas bonitão, uma publicidade de cerveja onde os comportamentos não são tão corretos, que isso entra na cultura do dia a dia. Um ambiente que banaliza comportamentos violentos favorece a instauração desses comportamentos — e vejam como foi moda por quase uma década no Brasil as telenovelas terem psicopatas como personagens centrais, com capítulos "generosos", mostrando passo a passo como se desenvolver na psicopatia!

No caso da *Superinteressante*, cerca de 58% dos entrevistados apontam que as mulheres estupradas, com certeza, provocaram essa violência. A recorrência desse tipo de opinião em pesquisas de opinião pública serviu de base para uma *situation comedy* da rede de televisão BBC, com Tracey Ullman[6], na qual se mostram comportamentos diametralmente opostos exercitados com homens e mulheres. E uma cena hilária mostra um homem bem vestido, na polícia, denunciando um assalto. A mulher policial sucede várias perguntas: como você estava vestido no momento do assalto? O homem não entende. E ela: se você estava vestido dessa maneira, evidentemente bem-sucedido, suas roupas podem ter induzido o assaltante. Talvez você estivesse lançan-

---

5   Superinteressante. *2 minutos para entender — Cultura do Estupro*. Disponível em: <https://www.youtube.com/watch?v=7a2uY64IwXY>. Acesso em: 03 de jul. 2018.

6   *T*

racey Ullman's Show, Temporada 2, Episódio 6. BBC. Disponível em: <https://www.youtube.com/watch?v=Z0VGGFHrA0Q>. Acesso em: 03 de jul. 2018.

do uma mensagem oculta de que queria mesmo chamar a atenção e ser roubado. O homem replica e a policial chama suporte. Entra em cena outra colega e faz as mesmas perguntas, insistindo: como assim? Você se deixou roubar sem opor resistência? E o homem sibila: tinha uma faca na garganta! E a policial: mas você não opôs resistência nenhuma?

Lendo esse trecho, talvez alguns dos leitores não se tenham dado conta de que essas perguntas irritantes são as mesmas que as vítimas de estupro ouvem: como você estava vestida no momento do estupro? Como assim, você não fez resistência? Por essa razão, muitas mulheres não denunciam as violências sexuais, pois depois elas devem enfrentar o mesmo tratamento inumano e degradante de ter que justificar o fato de que foram abusadas. A *situation comedy* da BBC mostra o paradoxo disso. Em abril de 2018, nas maiores cidades da Espanha, as mulheres (e muitos homens) saíram nas praças para protestar contra uma sentença que, francamente, deixou a sociedade de boca aberta. Cinco homens estupraram uma mulher, até filmando cada ato, e os juízes os condenaram somente por abuso sexual (pena menor, até 9 anos) e não por estupro (pena maior, até 20 anos), aclamando que a vítima não tinha oposto resistência (como no trecho da *situation comedy* que comentamos antes!). Ela disse, em tribunal, que ficou em choque, fechou os olhos, ficou calada e esperou que acabasse. Eles, os cinco membros da Manada (como se autointitulavam num grupo no WhatsApp), dizem que foi sexo consentido. Os juízes, homens, concluíram que não houve violação ou agressão sexual, mas apenas abuso sexual, e condenaram-nos a nove anos de prisão cada um, quando a acusação pedia mais de 20. Uma sentença que não foi unânime entre os três magistrados. Um deles defendia a absolvição, alegando que, nos vídeos que eles gravaram com o celular, a expressão do rosto da vítima era "relaxada e descontraída" e, por isso, "incompatível com qualquer sentimento de medo, rejeição ou recusa" e que "os seus gestos e sons sugerem prazer[7]". Curioso como nesse caso não foram talvez escutados os psiquiatras, psicólogos ou neurocientistas que poderiam ter explicado que quando o ser humano enfrenta uma situação de extremo perigo entra num estado de choque, ou seja, de congelamento. Nosso sistema nervoso não consegue enfrentar o evento, não consegue fugir nem lutar. (Como uma mulher poderia se opor a uma violência sexual contra cinco homens sem apanhar até morrer? — uma pergunta para os juízes ou para quem pode acreditar nessa sentença indignante!). Quando o mamífero não consegue nem fugir nem lutar, entra em congelamento ou choque[8]. Há farta literatura científica que estuda esse fenômeno: os humanos (apesar de serem mamíferos mais evoluídos) praticam as mesmas estratégias de sobrevivência dos animais: "Congelar num contexto de ataque pode parecer bizarro, porém a imobilidade tônica pode parecer a melhor opção quando o animal percebe poucas vias de saída[9] [10]". Esse viés cognitivo, baseado numa visão estritamente masculina e de cunho machista, não reflete um caso de conflito de interesses de gênero, manifestado em decisões judiciais?

A potência das redes sociais enquanto caixa de ressonância produzida no bem e no mal é algo que não podemos contestar. Casos

---

7   SALVADOR, Susana. *Espanha contra a Manada: "Não é abuso, é violação".* Disponível em: <https://www.dn.pt/mundo/interior/espanha-contra-a-manada-nao-e-abuso-e-violacao-9288350.html>. Acesso em: 03 de jun. 2018.

8   SCHMIDT, Norman B.; RICHEY, J. Anthony; ZVOLENSKY, Michael J.; MANER, Jon K. Exploring Human Freeze Responses to a Threat Stressor. *Journal of Behavior Therapy and Experimental Psychiatry. 2008 Sep; 39(3): 292-304.* Disponível em: <https://www.ncbi.nlm.nih.gov/pmc/articles/PMC2489204/>. Acesso em: 03 de jul. 2018.

9   ARDUINO JR., Peter; GOULD, James L. Is tonic immobility adaptive? Animal Behavior. 1984 Aug; 32(3): 921–923. Disponível em: <https://www.sciencedirect.com/science/article/pii/S0003347284801736>. Acesso em: 03 de jul. 2018.

10 KORTE, S. Mechiel; KOOLHAAS, Jaap M.; WINGFIELD, John C.; MCEWEN, Bruce S. The Darwinian concept of stress: Benefits of allostasis and costs of allostatic load and the trade-offs in health and disease. *Neuroscience & Biobehavioral Reviews. 2005 Mar; 29(1):3-38.* Disponível em: <https://www.researchgate.net/publication/8079647_The_Darwinian_concept_of_stress_Benefits_of_allostasis_and_costs_of_allostatic_load_and_the_trade-offs_in_health_and_disease>. Acesso em: 03 de jul. 2018.

midiáticos, como a campanha #metoo, tiveram o merecimento de envolver simultaneamente todas as mulheres do planeta para denunciar as violências escondidas acontecidas no trabalho[11]. Toda essa repercussão provocou impacto nas leis da Suécia[12]: sem o consenso explícito, cada relação sexual será considerada como abuso. Ninguém, então, poderá dizer que a pessoa estava quieta, portanto, de acordo com o ato, como no caso da Espanha.

O preconceito geracional também se estende às, assim chamadas, questões raciais. Lembremo-nos do caso clamante dos dois afrodescendentes presos em uma Starbucks em Filadélfia[13] porque não pediram nada: estavam simplesmente sentados, esperando por um amigo (como a maioria dos descendentes de caucasianos se comporta habitualmente). A Starbucks dos Estados Unidos anunciou que todos seus funcionários das oito mil unidades terão que frequentar um curso sobre "diversidade e vieses inconscientes", ou seja, como evitar ter preconceito em função de um viés!

---

11 #metoo foi utilizado pela primeira vez em 1996, quando uma ativista pelos direitos humanos, Tarana Burke, diretora de um grupo para mulheres jovens afrodescendentes, descobriu que várias garotas tinhas sido abusadas. Por isso o #metoo. O caso midiático mais recente que estamos comentando aqui surgiu em setembro de 2017, quando um artigo escrito pelo jornalista Farrow relatou sobre as violências sexuais de muitas atrizes pelo produtor cinematográfico Harvey Weinstein.

12 GOVERNMENT OFFICES OF SWEDEN. *Consent – the basic requirement of new sexual offence legislation.* Disponível em: <https://www.government.se/press-releases/2018/04/consent--the-basic-requirement-of-new-sexual-offence-legislation/ >. Acesso em: 03 de jul. 2018. The incidence of sexual offences is increasing in Sweden, with young women facing the greatest risk. At the same time, too few of these offences are reported. Reversing this negative trend requires both new legislation and changes in attitudes. The Government therefore proposes the introduction of sexual consent legislation that is based on the obvious; sex must be voluntary. Accordingly, a rape conviction will no longer require the use of violence or threats by the perpetrator, or that a victim's particularly vulnerable situation was exploited. The proposal also involves introducing two new offences: 'negligent rape' and 'negligent sexual abuse'. Both carry a prison sentence of a maximum of four years. The negligence aspect focuses on the fact that one of the parties did not participate voluntarily. This means that it will be possible to convict more people of sexual abuse than at present, for example when someone should be aware of the risk that the other person is not participating voluntarily, but still engages in a sexual act with that person.

13 The Guardian. *Black men arrested in Starbucks settle for $1 each and $200,000 program for young people.* Disponível em: < https://www.theguardian.com/business/2018/may/02/black-men-arrested-starbucks-settlement>. Acesso em: 03 de jul. 2018.

110 Conflito de Interesses e Serum Anticorrupção

Já no Brasil, o racismo se evidencia até na compra de espermas para reprodução assistida: de acordo com a Agência Nacional de Vigilância Sanitária (Anvisa), em reportagem da edição brasileira do periódico *El País*[14], de todas as amostras de esperma que os brasileiros compraram dos Estados Unidos entre 2014 e 2016, 95,4% vinham de homens brancos; 51,8% tinham olhos azuis; e 63,5%, cabelo castanho, contrastantes com um Brasil que importou dez vezes mais escravos africanos do que os Estados Unidos e onde, portanto, essa é a genética mais comum. A reportagem cita os dados do IBGE, que mostram que os negros são maioria numérica no país (51%), mas que são apenas 17% diante de 79% de brancos, dentro do 1% da elite econômica brasileira. Ainda segundo o IBGE, cada vez que ocorre um assassinato no Brasil, as probabilidades de que o morto seja negro são de 78,9%. Diante desse quadro, fica exposto o racismo de grande parte da chamada elite brasileira, que prefere ter um filho branco e de origem estadunidense, tão desvinculada de sua História — e isso é só um dos muitos reflexos do racismo enraizado no país, extensível, infelizmente, a todas as camadas sociais.

O problema do preconceito geracional, entretanto, não está limitado ao Brasil ou ao Ocidente: comportamentos intolerantes contra as minorias, os diferentes, são generalizados.

Um passeio pelo mundo pode ampliar nossa percepção. Quando migramos de nossa cultura ocidental, mais massificada e consumista, para os choques entre as culturas orientais, que têm um componente de preservação cultural mais intenso a favor da identidade social, dado que muitas delas são milenares, também é possível observar diretamente o poder do preconceito geracional atuando sobre a vida das pessoas por diferenças minimamente manifestadas. Disputas étnicas, religiosas e territoriais institucionalizam o preconceito de tal forma

---

14 AVENDAÑO, Tom C. *Elite brasileira que importa sêmen prefere doadores brancos de olhos azuis*. Disponível em: <https://brasil.elpais.com/brasil/2018/03/31/politica/1522449726_364534.html>. Acesso em: 04 jul. 2018.

Entender a hipercomplexidade para buscar novas soluções   111

que encontramos manifestações como a ordem do recém-eleito governo indiano de reescrever uma História da Índia que negue sua origem plural étnica, cultural e religiosa, para uma única origem e religião hindus[15]; o isolamento social e exclusão civil de religiosos não muçulmanos no Egito[16]; até recentemente, sentença de prisão ou de morte para religiosos não budistas em Mianmar; a expulsão genocida de facções do mesmo credo religioso (conflitos entre iranianos e iraquianos, iraquianos e curdos, líbios e sírios, além dos grupos extremistas muçulmanos surgidos na Primavera Árabe contra as já cruéis ditaduras do norte da África e do Oriente Médio), as disputas tribais, étnicas ou religiosas por territórios e controle do poder na África (a atual Guerra do Congo ou Guerra Centro-Africana ou a recente divisão do Sudão). É da cultura humana o preconceito geracional e todos os males que ele causa, e é por isso que precisamos, urgentemente, aprender a lidar com a diversidade e a enfrentar os preconceitos geracionais sem os combater com a mesma fórmula sectária ou até de discursos de ódio ali praticados — para que, no combate aos preconceitos geracionais, não nos esqueçamos de ser sistêmicos e acabemos nos utilizando das mesmas armas que queremos que sejam baixadas.

Entendendo o quadro complexo, o leitor concordará que precisamos agir com urgência e em várias frentes. Precisamos nos movimentar no setor privado e no público, no meio religioso e no laico, mobilizando o indivíduo e o coletivo, criando algo de novo para a prevenção dos comportamentos que queremos diferentes e reagindo conscientemente ao que já existe para mitigar a força de ação negativa e deixar que o novo positivo avance. Um convite atribuído ao Dalai Lama explica de maneira simples o mecanismo: "Se todas as crianças

---

15 JAIN, Rupam; LASSETER, Tom. (Reuters.) *Governo indiano tenta reescrever História do país.* Disponível em: <https://oglobo.globo.com/mundo/governo-indiano-tenta-reescrever-historia-do-pais-22461713>. Acesso em: 08 de jun. 2018.

16 DAVIES, Caroline. *Minoria cristã se torna "garimpeira do lixo" em busca de ascensão social no Egito.* Disponível em: <https://www.bbc.com/portuguese/internacional-37495391>. Acesso em: 03 de jul. 2018.

112 Conflito de Interesses e Serum Anticorrupção

de oito anos aprenderem meditação, nós eliminaremos a violência do mundo dentro de uma geração[17]".

Neste momento, cabe introduzir uma reflexão sobre como nossas relações sociais devem ser (re)conhecidas para que sua condução vise efetivamente o equilíbrio entre o bem comum e os desejos individuais e de grupos. Conhecer os mecanismos psicológicos pode nos ajudar a compreender melhor a nós mesmos e ao outro, para que não caiamos em armadilhas comportamentais.

O conflito de interesses se beneficiará da percepção distorcida de que o estrangeiro, o diferente, o outro seja um inimigo, e, assim, do desejo de privá-lo ou obter vantagem sobre ele. Trata-se de um problema de rivalidade mimética, como no caso em que pessoas de nacionalidades diferentes entram em leilão para ter um vaso da China por pura competição — só porque o russo lança um milhão, o chinês lança dois milhões, o brasileiro lança três e o americano, quatro. O que lhes interessa não é o vaso, mas tão somente a sensação de ganhar do outro, de sentir superioridade em relação ao outro, um narcisismo ferido.

A rivalidade mimética também é tão fácil quanto recorrente de se observar em órgãos e fóruns colegiados que agregam representações sociais, como nos colegiados legislativos, nos partidos políticos, nos conselhos setoriais de políticas públicas, nos conselhos e fóruns empresariais e tantos outros, em que os representantes, sejam dos órgãos e entidades públicas, sejam das organizações sociais e representativas de classe, sejam dos grupos de acionistas ou de grupos de empresas, disputam poder nos diálogos e discussões, por finalidades meramente fisiologistas, concorrendo sua representação formal legítima com

---

17 MEDITAÇÃO Mente Plena. *Se todas as crianças de oito anos aprenderem meditação, nós eliminaremos a violência do mundo dentro de uma geração*. Disponível em: <http://meditacaomenteplena.com. br/2013/10/%E2%80%9Cse-todas-as-criancas-de-oito-anos-aprenderem-meditacao-nos-eliminaremos-a-violencia-do-mundo-dentro-de-uma-geracao%E2%80%9D-dalai-lama/>. Acesso em: 03 de jul. 2018.

interesses secundários, desconectando-se do bem social como finalidade precípua dessas congregações, num claro processo de alienação representativa, afastando-se cada vez mais do compromisso com processos que sejam, de fato, éticos, transparentes e representativos dos interesses públicos, sociais e empresariais que deveriam buscar o bem comum.

O grave problema do indivíduo que substitui a representação legítima que deveria realizar por aquela de interesses secundários ocorre com bastante frequência e expõe um vazio de identidade do próprio indivíduo, que busca, nessa disputa, o reconhecimento da multidão, do mercado, da mídia, da sociedade ou de uma ordem qualquer que lhe pareça validadora. Revela o problema da ausência de identidade ou de identidades mal administradas, uma busca de dopamina, de preenchimento da carência, de realização de catarse ou da necessidade de risco, de querer ver adrenalina, de querer superioridade, de impor vieses ideológicos, superar os outros, competir — a competição ao custo do outro e não por meio do outro, para buscar melhorar como pessoa ou como sociedade. O livro de Nicolas Berggruen e Nathan Gardels *Renovating Democracy: Governing in the Age of Globalization and Digital Capitalism* indica um caminho interessante de repensar o bem coletivo, a sociedade que compartilha e não despriva, que faz uma redistribuição justa, conciliando os interesses individuais e coletivos. Cada um de nós deve meditar sobre o sentido do caminho de vida, o legado, a contribuição pessoal e ir além de rivalidade e inveja.

A reflexão trazida por René Girard[18], da Universidade Stanford, e por Jean Pierre Dupuy[19] sobre a rivalidade mimética e a elaboração do bode expiatório introduz a antropologia da reflexão da inveja, que parece tão necessária para entender por que corruptos querem

---

18 VINOLO, Stéphane. *René Girard. Do Mimetismo à Hominização*. São Paulo: É Realizações, 2012.

19 DUPUY, Jean-Pierre. *Petite Metaphysique des Tsunami*. Paris: Éditions Du Soleil, 2005.

ter tanta fortuna, tanto mais que os outros, tanto reconhecimento, tantos objetos de fetiche, tanta sensação de poder e de exclusividade deste, tanta necessidade de estar acima da lei e a vaidade ou vazio decorrentes dessas sensações. Em uma entrevista recente que fiz com Jacques Attali, em Paris, ouvi dele um desabafo, em que critica a noção de elite: ela é uma noção contraditória, porque exalta, na verdade, uma falsa elite, alvo dos holofotes midiáticos e da exaltação das redes sociais, mas que tem dificuldade de desenvolver negócios, prestar informações, tomar decisões e dar orientações sem extorquir o outro, infringir seus valores, danificar sua vida, seu patrimônio e seu direito ao desenvolvimento, destruindo os verdadeiros valores da humanidade. Essa falsa elite se contrapõe à verdadeira elite, formada pelos que trabalham e que constroem o saber, produzem a arte e dirigem empreendimentos legitimamente, sem tirar proveito do outro, antes, laboram pela construção de uma sociedade justa e equitativa, inovam, criam, pesquisam e trabalham pensando no bem comum em equilíbrio com seu próprio bem. Essa verdadeira elite tem sido esquecida, desmerecida e até questionada publicamente em sua idoneidade por aqueles que detêm o megafone nas mãos e que desejam criar, no grito, multidões de seguidores para satisfazerem seus próprios interesses.

Da rivalidade mimética, passamos, agora, ao paradoxo de Abilene[20], que é uma metáfora sobre acordos de gestão. Jerry Harvey, seu autor, conta-nos uma história que aconteceu com ele e sua família e que foi o gatilho para entender algo mais sobre os mecanismos de tomada de decisão em grupo. Em uma tarde de verão muito quente, Harvey e sua família estavam jogando dominó; seu sogro propôs irem jantar em Abilene, uma cidade pequena, a mais de uma hora de distância, com carro sem ar-condicionado. Todos aceitaram prontamente, e a viagem foi quente e a estrada poeirenta e completamente desagradável, assim como a comida servida no restaurante. Quando

---

20 HARVEY, Jerry B. The Abilene paradox: The management of agreement. *Organizational Dynamics 3(1):63-80.* 1974.

Entender a hipercomplexidade para buscar novas soluções   115

eles voltaram, exaustos, Harvey só queria selar a noite com uma frase simples, antes de finalmente irem dormir: Foi uma boa viagem, não é?! Naquele momento, todos "explodiram": a esposa reclamou que não, que foi péssimo, que não queria ir, mas fora porque pensou que o outro queria; a sogra foi para agradar à filha e ao marido; o sogro disse ter proposto a viagem porque achava que eles queriam sair. Ao estudar mais profundamente e compreender os mecanismos de decisão em grupo dessa viagem, Harvey se tornou bastante famoso e passou a atuar como consultor organizacional: o paradoxo de Abilene descreve a incapacidade de se administrar um acordo de forma aberta e é um sintoma que esconde outros subelementos, como: não querer ou não saber enfrentar um conflito; emoções confusas sobre o assunto em discussão; não querer desapontar os outros membros do grupo; não querer tomar decisões que são contrárias à imagem que os outros têm de si; estar ansioso por realizar rapidamente algo. Gerenciar uma decisão em grupo se torna particularmente difícil se os membros têm amizade fora do ambiente (Lei de Parkinson) (Janis, 2015), pois, em geral, sempre querem agradar um ao outro e não querem perder o status do cargo ou o apoio. Como último elemento, Harvey menciona o medo da separação e de serem vistos como traidores ou desleais e não como membros da equipe. Assim, o paradoxo de Abilene explica que as pessoas querem evitar sentir a solidão e, por causa de seus sentimentos ou dos sentimentos que os conectam aos outros, elas acabam fazendo o oposto do que realmente gostariam ou deveriam fazer!

Parecido, mas diferente, do paradoxo de Abilene, o fenômeno do *groupthink* (pensamento grupal) se origina quando um grupo defende algo além do defensável em sua posição. (Não temos visto isso nos dois extremos ideológicos desde a última eleição brasileira? Ou entre as torcidas organizadas?). Os indícios a serem avaliados são: sentimento de invulnerabilidade quando se está em grupo; atitude de racionalizar todos os feedbacks negativos de tal modo que sejam todos demolidos (em outras palavras, dificuldade extrema de receber feedbacks — e achar que só o outro sofre disso!); sentimento de que se age com moralidade; chamar os membros mais beligerantes e argumentativos da equipe adversária com apelidos (estereótipos) para minar a seriedade. A coesão entre os membros de um grupo se mutualiza em direção a um modelo mental compartilhado de categoria ou de experiência de vida. O modelo mental e a mentalidade de grupo surgem de dimensões culturais ligadas a um background profissional ou peculiar — por exemplo, somos todos médicos ou todos passamos por uma enchente (Orasanu & Salas, 1993).

No pensamento grupal, os membros se complementam entre si para papéis e competências. E, aqui, importa destacar que há uma distinção sutil entre as palavras "grupo" e "equipe": em geral, excelentes resultados são produzidos por pessoas que trabalham em equipe e resultados piores são esperados por pessoas que trabalham juntas (Katzenbach & Smith, 2008; Orasanu & Salas, 1993). Sendo mais específico, um líder de um grupo de trabalho terá uma liderança forte e focada; já o líder de equipe compartilha a responsabilidade; na equipe os membros têm responsabilidade individual e mútua; em vez disso, o grupo tem apenas responsabilidades individuais; a equipe tem um objetivo específico *da equipe* e tem um produto de trabalho coletivo *versus* produto de trabalhos individuais do grupo; a equipe incentiva discussões abertas e reuniões para procurar uma solução ativa, enquanto o grupo apenas realiza reuniões de maneira eficiente; a equipe mede o desempenho por meio da avaliação de produtos de trabalho coletivo; a equipe discute, decide e faz o trabalho real em conjunto, enquanto o grupo discute, decide e delega (Katzenbach & Smith, 2008). Quem encoraja principalmente o pensamento grupal está na busca desesperada por consenso (Janis, 2015). Com base nessas considerações, obtemos bastantes ferramentas para esboçar uma análise sobre grupos e equipes.

Entender a hipercomplexidade para buscar novas soluções   117

As pistas finais que mostram claramente o pensamento de grupo são as acusações contra um inimigo que, para o grupo, personifica todo o pior existente, mesmo que isso seja inventado pelos membros do grupo — pois, no pensamento grupal, os membros querem acreditar! O pensamento grupal se caracteriza pela falta de questionamento interno e pela transferência de responsabilidade para outro grupo ruim (Harvey, 1974; Janis, 2015). O pensamento de grupo difere do paradoxo de Abilene, porque no primeiro caso não há dissonância cognitiva[21] (em vez disso, todos os membros atuam de forma coesa e em consonância cognitiva); no pensamento grupal, as pessoas são ativas no seu comportamento, não têm dúvidas quando atuam no grupo (ou contra outro grupo), têm certeza de que terão sucesso porque acham que estão corretas, têm satisfação e agem por unanimidade (Aronson, 1973; Kim, 2001). Para resumir, o pensamento grupal apresenta as seguintes características: dá ao membro o feeling de se sentir invulnerável dentro do grupo; busca sempre desmontar as objeções racionalizando bastante todos os feedbacks com a finalidade de demoli-los continuamente; age como se tivesse sido investido por uma força maior, como se fosse o símbolo da moralidade, para se preservar de uma fantasmática derrota; utiliza apelidos para menosprezar os adversários (estereótipo); se autocensura e minimiza as dúvidas do pensamento autocrítico quando elas aparecem (ausência do benefício da dúvida); realiza discussões intermináveis para chegar

---

21 A dissonância cognitiva é um fenomeno psicológico que se manifesta quando a pessoa convive com crenças, ideias ou valores que são opostos e lhes criam um desconforto mental (estresse psicológico) bastante grande. Quando confrontados com fatos que contradizem essas crenças, ideais e valores, as pessoas tentarão encontrar maneiras mentais de resolver a contradição para reduzir seu desconforto. A história da raposa e da uva ilustra esse fenômeno: para a raposa, admitir que não conseguiu atingir a uva era um desconforto tão insuportável que ela disse a si mesma que a uva não estava madura. Para reduzir a dissonância cognitiva, ou a dissonância entre crenças, ideias e valores pessoais, e os fatos que os contradizem, as pessoas podem inventar que o outro é o mal, que o outro errou, que, ao final, foi melhor tomar esta ou aquela decisão, mesmo que seja errada para, na verdade, evitar encarar uma possível derrota imaginada (Festinger, 1957). Ao contrário da dissonância cognitiva, a consonância cognitiva ocorre quando as crenças, ideias e valores do indivíduo (aspectos subjetivos) não lhes geram um choque interior ao serem confrontados por fatos (aspectos objetivos) diante dele.

numa unanimidade (Janis, 2015). É possível reconhecer aqui alguns modelos ditatoriais atuais ou do passado, bem como momentos recentes de disputa eleitoral no Brasil, nos Estados Unidos, na Europa e na Ásia, entre esquerda e direita. O regime comunista de Stalin e os fascistas de Hitler e Mussolini ascenderam com essa alimentação de pensamento grupal que os levou a condições extremas, e, infelizmente, não vemos diferença nos comportamentos dos grupos herdeiros que se manifestam hoje, nem senso autocrítico quanto ao legado negativo dessas conduções extremadas.

Por fim, vale mencionar que experimentos realizados sobre hierarquia, poder e obediência confirmam que as palavras do líder valem mais do que as de outros membros (Milgram, 1963). Experimentos realizados entre pessoas com características sociais similares mostram que o poder de uniformidade supera o pensamento e a atuação independentes (Asch, 1956; Janis, 2015); assim, os líderes deveriam ser os primeiros a cuidar das disfunções que expusemos até aqui, se desejam que o grupo cresça cognitivamente. Consulta à literatura específica sobre desempenho ou performance pode aprofundar os conhecimentos do leitor a respeito.

Mantendo a linha da cognição saudável, o desacordo tem um papel importante se o grupo quer pesar o risco e tomar decisões robustas, ponderar decisões e manter os membros engajados. Apesar das evidências de que os grupos com alto grau de tolerância ao desacordo apresentam maior desempenho (Torrance, 1957), a tomada de decisão em grupo ainda é um assunto desafiador. O estilo de liderança pode favorecer a manifestação do desacordo, por exemplo, deixando falar sempre os membros do grupo primeiro em vez de começar pelo líder, permitindo a si mesmo e a todos escutar e valorizar os dissensos, valorizando pensamentos alternativos e pedindo para que as decisões sejam sempre questionadas, em vez de demolir com ênfase e análise lógica as objeções de quem manifesta opiniões diferentes. Ser melhor será possível: essas melhores práticas desenham a pista para que os líderes, sejam de uma comunidade, de uma organização, de um país ou de coalizões de países, conduzam, com vistas ao sucesso, a perpetuidade saudável da organização, do país ou da humanidade.

Um novo indivíduo coexistente com um novo sistema de produção-consumo

Em seu livro *Sociedade com Custo Marginal Zero*, Jeremy Rifkin fornece uma solução de integração entre dois aspectos do indivíduo: o produtor e o consumidor. Segundo uma entrevista com o autor, dada ao canal de TV do Parlamento Europeu[22], agora temos três bilhões de usuários conectados à internet da comunicação e, a qualquer momento, cada um deles tem sido prosumidor (fusão entre as duas palavras: produtor e consumidor) — não um vendedor ou um comprador; não um proprietário ou um trabalhador; mas um prosumidor. Os prosumidores são as pessoas que têm produzido e compartilhado sua própria música a um custo marginal quase zero na World Wide Web, contornando a indústria da música. São as que têm produzido e compartilhado seus próprios blogs de notícias e mídias sociais na web a um custo marginal quase zero, ignorando os jornais. Elas estão produzindo seus próprios vídeos do YouTube, ignorando a televisão. Curiosamente, podemos enxergar o prosumidor como um indivíduo que agrega os dois papéis do sistema produtivo capitalista simultaneamente, eliminando o antagonismo, a dualidade, o "duelo" entre o que eram duas partes outrora distintas e litigantes, sob a perspectiva da luta de classes, por exemplo — paradigma tão forte na compreensão das relações de trabalho das revoluções industriais capitalistas, e que dá sinais de que terá que se repensar a partir dos novos cenários de relações sociais e trabalhistas em torno de uma surgente *economia de compartilhamento*.

---

22 EURO PARLAMENT TV. *Beyond Capitalism: towards a sharing economy*. Entrevista com Jeremy Rifkin. Disponível em: <https://www.europarltv.europa.eu/programme/others/beyond-capitalism-towards-a-sharing-economy>. Acesso em: 03 de jul. 2018.

120 Conflito de Interesses e Serum Anticorrupção

Segundo Rifkin, estamos no auge da Segunda Revolução Industrial do século XX. Para o autor, cada nova revolução industrial ou econômica surge quando se reúnem três elementos: novas tecnologias de comunicação, novas energias e novas formas de transporte. Ainda como herança hegemônica do século passado, estamos vivendo na Segunda Revolução Industrial, cuja rede de comunicação é centralizada, com fontes de energias antigas (combustíveis fósseis e energia nuclear, que estão cada vez mais caros), e transporte antigo, baseado em motores de combustão interna: esses caminhos são destinados a terminar, e a Terceira Revolução Industrial está acelerando esse processo. Não podemos obter mais produtividade com isso. Não podemos mover a economia. Não podemos colocar a geração mais jovem para trabalhar com a velha segunda plataforma de revolução industrial.

A Terceira Revolução Industrial (chamada de Quarta Revolução Industrial, ou Indústria 4.0, por outros autores que usam critérios diferentes de classificação), traz uma alteração nos três elementos definidores de uma revolução industrial: as novas energias são renováveis (solar, eólica), amplamente disponíveis, podem ser geradas descentralizadamente e com custo bem mais baixo em relação às anteriores; a comunicação é descentralizada, instantânea, acessível, globalizada e quase gratuita (custo marginal quase zero), basta lembrar o custo de um telefonema interurbano ou internacional e compará-lo ao uso do WhatsApp; e o transporte está passando de próprio e caro para apenas de uso compartilhado. Essas novas formas invadem nosso dia a dia e mostram que precisamos mudar — em nossa mente, primeiro — as velhas formas de atividade e de exploração do planeta, para que sejam autossustentáveis e nossa vida e a do planeta se prolonguem com saúde.

Isso significa que todos os que estão conectados à internet — toda a raça humana em cerca de 10 anos — podem usar todos os dados importantes e qualquer um de nós pode ser um prosumidor e produzir e compartilhar nossos próprios bens e serviços a um custo marginal baixo ou praticamente nulo nessa economia de compartilhamento emergente. Rifkin convida a compartilhar nossos carros, nossos apartamentos e casas, nossas roupas e ferramentas. Isso já está acontecendo para a geração mais jovem. O capitalismo vai ser transformado, porque o sistema capitalista está realmente dando à luz um bebê. O bebê é chamado de *economia de compartilhamento* ou *economia compartilhada sobre os bens comuns colaborativos*. As empresas capitalistas terão que aprender a conviver com essa progênie, alimentá-la, deixá-la respirar, deixá-la crescer, e, ao longo dos próximos 25 anos, vamos ter dois sistemas econômicos coexistindo lado a lado. Há, portanto, uma economia dual já emergindo com a geração digital.

Quem se aprofunda bastante, analisando as várias dimensões do problema, é um professor emérito do MIT, que difunde sua teoria há alguns anos, a assim chamada teoria U ou do ponto cego da liderança: Otto Scharmer lança um ponto de partida útil para refletir sobre a liderança lato sensu e sobre como organizar o problema de forma integrada. Scharmer observa que os comportamentos organizacionais se agravam durante os momentos de crise. E o que não faltam, hoje, são exatamente as crises.

Quando uma organização empresarial entra em crise, o senso comum ativa uma mudança de estratégias, comportamentos, processos organizacionais e estilos de liderança; no entanto, ao contrário, vemos frequentemente uma tentativa de resolver os novos problemas usando as mesmas ideias que os criaram.

Otto Scharmer critica o fato de que liderança e gestão têm sido extensivamente estudadas em nível de produto e processo, mas muito menos no nível de motivação profunda. Ele dá o exemplo do pintor, do qual conhecemos bem o quadro (produto) e a técnica de pintura (processo), mas sabemos muito pouco sobre o que acontece pouco antes, quando ele está de frente para a tela em branco, sobre o que impulsiona o artista para fazer uma paisagem em vez de um retrato ou uma imagem abstrata, uma miniatura em vez de um grande afresco.

A teoria U quer analisar a realidade em profundidade, tentando alcançar o ponto cego, invertendo o processo usual pelo qual se inicia a partir do passado para alcançar um futuro que se assemelha ao próprio passado. O processo de análise é olhar para baixo de modo profundo, buscando se livrar da escala do passado e dos hábitos, ideias e preconceitos consolidados, e o ponto cego é a verdadeira autoconsciência, que dá a força para voltar, atraído para um futuro diferente de tudo o que foi deixado no passado.

O modelo U é utilizado em coaching, consultoria organizacional e também no nível individual. Como diz o mesmo Scharmer, não é nada novo, mas a reorganização de ideias existentes, de Zen à psicologia profunda, a resolução de problemas de estratégia para as diferentes inteligências e a criatividade e ferramentas de qualidade total.

O que Scharmer propõe é que a teoria U pode se conectar de uma forma complementar à realidade das empresas, das organizações sem fins lucrativos e das organizações públicas, buscando o propósito de cada instituição por meio dos seus membros. Em posições mais corajosas, Scharmer mostra que, para alcançar um futuro diferente, em que os problemas atuais e novos problemas exigem novas soluções, devemos deixar as ruas de pavimentos confortáveis e ir mais fundo, com um processo de imersão e emersão na forma típica de U, com as seguintes etapas:

1. Ouvir (Listening). A capacidade fundamental do U é ouvir: ouvir os outros, o que emerge do coletivo. Escuta eficaz requer a criação de um espaço aberto, onde os outros podem contribuir para o todo comum.

Entender a hipercomplexidade para buscar novas soluções   123

2. Observar (Observing). A capacidade de suspender a "voz de julgamento" é a chave para se deslocar de sua projeção para uma verdadeira observação. Você só vê o que você já sabia. O que conta aqui é ver além do visto, coisas que não parecem relevantes, outros pontos de vista.

3. Sentir (Sensing). Para alcançar a experiência de presenciar, que está localizada na parte inferior do U, é preciso de três instrumentos: a *mente aberta*, um *coração aberto* e a *vontade aberta*. Esse processo de abertura não é passivo, é uma sensação ativa, em conjunto como um grupo. Uma mente aberta está além do *download* das informações disponíveis e percebe a realidade com outros olhos e sem escrúpulos; um coração aberto nos permite ver a situação como um todo; um desejo aberto nos motiva a agir para trazer um novo conjunto.

4. Estar presente (Presencing). A capacidade de conectar-se à fonte mais profunda de si mesmo vai nos ajudar a deixar irem todos os conhecimentos prévios, e permite que você consiga deixar entrar o futuro que emerge da totalidade do sistema em vez de vir de um elemento parcial ou de um grupo de particular interesse. É como se o futuro aflorasse a partir da experiência profunda e fosse atraído para você como um ímã.

5. Cristalizar (Crystalizing). Quando um pequeno grupo de pessoas-chave na organização está comprometido com o propósito e os resultados de um projeto, o poder da sua intenção cria um campo de energia que atrai as pessoas, oportunidades e recursos que fazem as coisas acontecerem, como em um processo de cristalização mineral. Esse grupo principal torna-se, para todos os outros grupos, um veículo em relação ao futuro.

6. Prototipagem (Prototyping). Descer ao longo do lado esquerdo do U requer que o grupo abra mão de resistências imediatas de pensamento, emoção e vontade, enquanto ir até o lado direito requer a integração de pensar e sentir no contexto de aplicações práticas e de aprender fazendo (learning by doing).

7. Executar (Performing). As organizações devem operar no nível macro: elas precisam convocar os conjuntos corretos de jogadores (pessoas na linha de frente ligadas na mesma cadeia de valor) e iniciar

uma tecnologia social que realize uma união de múltiplas partes interessadas para mudar e discutir em conjunto a criação do novo.

8. Scharmer vai na raiz do problema: ele diagnostica que o sistema inteiro, o sistema mundo, está em crise, e que a crise econômica e política são evidências, fruto, de algo maior. A desconexão entre o mundo ecológico (e aqui podemos entender o mundo do trabalho também), por sua vez desconectado do mundo social que, por sua vez, sofre uma separação do espiritual mostra que o homem está fragmentado, desconectado dentro de si mesmo. Eis a chave da solução. Como podemos transformar o sistema coletivo que não está funcionando mais? As fragmentações tomaram conta do individuo que, portanto, atua no sistema macro de forma esquizofrênica, e isso só pode levar à maior fragmentação e desarmonia.

A desconexão ocorre entre o self que sou hoje e o que poderia ser amanhã. Assim, é importante reconectar e liderar partindo do futuro emergente, do que eu serei amanhã, quando serei já autorrealizado.

Vamos tentar um experimento social, vamos tentar ver realmente o mundo com olhos neutros. Para tentar entender quão paradoxais são os comportamentos humanos, devemos pensar como se fôssemos extraterrestres, e, dessa maneira, ver as situações como se fosse a primeira vez, sem molduras, sem tentar entender a cultura, e podermos perceber o absurdo de muitos dos nossos comportamentos cotidianos.

Capítulo 6

Passos para um comportamento ético anticorrupção

Conscientização pessoal: recomeçar de si

Durante um de seus célebres discursos, Jiddu Krishnamurti disse: "É muito importante trazer à tona, na mente do ser humano, a revolução radical, pois a crise é uma crise de consciência. É uma crise que não pode mais aceitar o velho padrão, as velhas tradições e, considerando como o mundo está agora, com violência e brutalidade, o homem é ainda brutal, agressivo, competitivo e está construindo uma sociedade que reproduz esse comportamento. Por isso, precisamos promover uma revolução. Uma revolução interior". Eu, Monica, era muito nova, estava estudando em Bruxelas, quando a internet ainda estava começando a penetrar em nossas vidas, e, num sebo, comprei um livrinho cujo título me instigou bastante: *Freedom from the Known* de Krishnamurti[1]. Na parada do metrô, comecei a folhear o livro e a lê-lo. Fiquei sentada muitas horas, pois não conseguia nem levantar para pegar o trem. Eu me lembro, ainda agora, de que dentro de mim algo começou a se movimentar. As palavras chacoalhavam minha cabeça:

---

1   KRISHNAMURTI. Freedom from the known. Disponível em: <https://selfdefinition.org/krishnamurti/Jiddu Krishnamurt Freedom from the Known.pdf>. Acesso em: 03 de jul. 2018.

"Em vez de gritar com escândalo por causa das guerras, comece a ver as guerras que nascem na sua casa, na sua mesa de jantar". Foi como uma fulguração. Krishnamurti é uma alma bastante querida, ele inspirou milhões de pessoas e ainda continua. Um verdadeiro provocador, um revolucionário: "Não adianta cantar mantras vazios. Se quiser cantar um mantra, entoe Co-ca-Co-la e faça isso por vinte minutos, assim sua mente ficará sedada como se fosse uma palavra religiosa". O que realmente conta é a revolução individual com consciência, não repetindo, mas sentindo. O que Krishnamurti e outros sábios propõem é se tornar protagonista consciente da mudança. Há uma frase bem na moda, hoje em dia, do Gandhi, que diz: "Torne-se a mudança que você quer ver no mundo". É exatamente isso. O que eu, como indivíduo, posso fazer? E, antes disso, como posso me tornar consciente?

Se você chegou até aqui, já percebeu, mastigou, deglutiu e está assimilando. São quatro processos cruciais para desenvolver uma consciência crítica, não crítica de fora (crítica destrutiva), mas crítica construtiva para si, que parte do interior e só depois vai para o exterior. Como eu posso me tornar a mudança que quero ver no mundo?

Nossa visão de extraterrestre talvez nos permita constatar que a maioria das pessoas simplesmente imita modelos propostos e que a mídia e as redes sociais têm muita responsabilidade nisso. Claramente, todos nós estamos inseridos em modelos sociais, e não se pede, aqui, que saiamos do modelo. O que pedimos é que se tome consciência disso, é para se dar conta, questionando-se: será que ir ao shopping cada domingo para passear na praça de alimentação e fazer compras é a melhor solução que tenho? Será que ir ao parque é a melhor solução que tenho para me enriquecer? Será que estou fazendo o que realmente quero, o que realmente gosto ou estou querendo imitar um ator, um cantor, um jogador de futebol? Será que estou realizando meu propósito de missão de vida? Na Harvard Business School, o professor Scott Snook investigou quais são os lideres realmente de

Passos para um comportamento ético anticorrupção **127**

sucesso, sucesso pessoal e não somente sucesso de fachada (ter dinheiro, mas estar deprimido), pois de nada adianta receber a *standing ovation* dos outros se eu não estou me sentindo feliz, satisfeito e autor-realizado. O que os pesquisadores encontraram foi que quem lidera com propósito alcança o sucesso e continua com garra mesmo frente a desilusões. O segredo do sucesso, portanto, é ter um propósito que eu execute constantemente, que seja minha essência.

A priori, quando uma pessoa consegue satisfazer suas necessidades básicas (fome, abrigo, afeto e trabalho), pode partir para satisfazer as mais elevadas de autorrealização e não sentir mais necessidade de conduzir conflitos de interesses, pois não terá mais medo de perder. Já ganhou e já sabe que vai ganhar. A definição de propósito de impacto, para o professor Snook, tem a ver com nossas aspirações, não somente com aquilo que adoramos fazer, mas *como* adoramos fazer. Gostar de velejar pode ser um hobby para uma elite, mas gostar de correr pode ser algo mais nacionalmente popular. Os dois têm em comum o *como*: aproveitando cada milímetro percorrido, seja areia, seja asfalto, seja água, seja dentro da floresta, seja no mar, aproveitar com os pés o chão ou, ainda, aproveitar cada brisa, cada maré, cada onda para dirigir o barco, com a mesma garra e determinação.

O ser humano é o elemento vital da mudança. É prioritário, portanto, voltar-nos a nós mesmos, ao nosso centro, para investigar de verdade o que temos interiormente como anseios.

Muitos autores escreveram sobre esse tópico com mais conhecimento e profundidade. Nestas páginas, a proposta é fornecer um quadro mais amplo para que surja um *insight*, uma luz, um desejo de se projetar além e de experimentar pessoalmente algo diferente. Ter consciência de si, ou seja, dar-se conta de si, de como funcionamos, é sentir-se: sentir que existo. Muitas pessoas, nesta altura da leitura, procurarão um porto seguro nas habilidades cognitivas, mas me refiro a algo muito mais simples: a percepção concreta do próprio corpo. Entre meus clientes e pacientes, observei que esse simples passo é muito mais complexo do que pode parecer. As pessoas não "se sentem". Não é verdade que não temos tempo para pensar, situação da qual muitos se queixam. Na realidade, entramos nessa fase exclusivamente fazendo download dos pensamentos alheios, inoculados por meio da publicidade, da mídia, das redes sociais. O que é mais grave é a falta completa da percepção de si como ser que ocupa um espaço, que tem sensações e percepções. Quem me procura vem com queixas relacionadas ao trabalho: insônia provocada por causa de uma reunião com seu chefe; inabilidade de lidar com sua equipe; dúvidas sobre sua carreira; dúvidas se está no lugar certo, compatível com seus talentos; crise de identidade. Todos acomunados por uma vontade profunda de mudar, de mudar o que não é mais suportável. Pois é. Mas quando pergunto: "O que você sente me falando dessa situação, como ela se reverbera em você?", a pessoa fica boquiaberta. Não sabe o que responder. "Como seu corpo reage quando você briga com seus colegas?" "Eu fico nervoso", essa é a resposta mais articulada que escuto.

Estamos, portanto, diante de pessoas que não têm consciência — não quer dizer que são inconscientes, mas que agem, sim, sem presença, agem no automatismo de comportamentos aprendidos ou imitados ou agem de forma automática reativa, sendo desconectados das suas sensações. As pessoas vivem na cabeça, no pensamento, e são facilmente sugestionáveis pela mídia, publicidade ou pelos pensamentos alheios. E, neurofisiologicamente falando, não podemos ficar surpresos, já que somos treinados desde a infância para ignorar nossas sensações e sentimentos, partindo dos mais banais. Os adultos dizem para não bocejar, porque parece mal-educado (e aí começamos a bloquear sensações naturais e respostas adaptativas ao ambiente); a criança fala que tem calor e o cuidador fala que está frio, negando, de novo, a sensação do pequeno adulto; o mocinho fala que está de barriga cheia e a mãe cuidadosa insiste para que acabe a comida do

Passos para um comportamento ético anticorrupção **129**

prato, pedindo para que ele negue a sensação de saciedade. Dia após dia. Isso cria adultos complemente desconectados quanto a sensações e sentimentos. E se esses adultos estão gerenciando política, empresas, escolas, políticas públicas e assim por diante, podemos entender que a solução dificilmente chegará. Quando uma pessoa desenvolve sua consciência e transcende seus limites habituais, conseguirá sentir se sua ação é uma ação ética e moralmente justa, e, novamente, se absterá de tomar decisões equivocadas quando o cheiro do conflito de interesses ou da corrupção estiver por perto.

Vamos resgatar uma bagagem antiga: ter competências emocionais significa ter um talento social bem pronunciado sobre os seres humanos (e sobre si mesmo!). Essas habilidades, hoje em dia, deveriam fazer parte de nosso currículo de vida. Lendo as revistas de negócios, de recrutamento de profissionais, pode-se ver o quanto essas capacidades são valorizadas num ambiente de trabalho corporativo. Os grandes líderes têm isso: sabem reconhecer o que acontece no ambiente onde vivem e agem sobre isso mais rapidamente do que os outros.

Desenvolver essas habilidades equivale a ter uma chance a mais no mundo do trabalho, e, sobretudo, a ter uma vida mais feliz com a própria família, porque se consegue prevenir conflitos ou gerenciá-los de maneira construtiva!

As competências emocionais têm cinco características:

» Consciência emocional (1): capacidade de distinguir e denominar as emoções em cada situação. A capacidade de entender que causas estão por trás dessas emoções e que sinais fisiológicos nos anunciam a chegada delas.

» Controle emocional (2): capacidade de direcionar as emoções de acordo com o ambiente e a situação em que estamos, sobretudo gerenciar a agressividade orientada em direção aos outros e a nós mesmos.

» Capacidade de automotivação (3): habilidade de canalizar, energizar, harmonizar e, finalmente, transformar as emoções em incentivos

130 Conflito de Interesses e Serum Anticorrupção

para alcançar um objetivo; e também tendência a reagir de maneira ativa (com otimismo e iniciativa) diante de fracassos e de frustrações.

» Capacidade de ser empático (4): reconhecer as pistas (sinais) emocionais dos outros, ser sensível, entrar em empatia com o outro e entendê-lo.

» Gestão eficaz das relações pessoais e sociais (5): negociar em conflitos visando a resolução da situação, comunicar-se com o outro de forma eficaz e colaborativa.

Em palavras simples, isso significa monitorar o que acontece na nossa vida interior e perceber quais são as causas que provocam nossos comportamentos automáticos, para, de alguma forma, tornarmo-nos pessoas conscientes e mesmo as que comandam as próprias reações, quando for necessário.

Vamos dar exemplos do dia a dia. A consciência emocional é a percepção da sensação do nosso corpo mais interno, principalmente das nossas vísceras, a interocepção. A sensação mais externa do nosso corpo, a propriocepção, é uma sensação mais simples de se reconhecer: se eu digo "sinta seu pé dentro do sapato", em geral, é uma sensação mais reconhecível do que dizer, por exemplo, "sinta como suas vísceras reagem a este evento". A consciência emocional, portanto, não se limita ao reconhecimento da emoção, mas deveria ir ao mais profundo: reconhecer quais sensações fisiológicas são produzidas no corpo e que levam a decodificar as sensações dando o nome da emoção que se experimenta. Quando afirmamos que estamos tristes, agitados ou sob qualquer emoção, isso significa que nosso cérebro reconheceu os sinais fisiológicos correspondentes a tal emoção. Uma pessoa dotada de consciência emocional, além de nomear a emoção correspondente, sabe perceber com antecedência o que está acontecendo em seu corpo e que esses sinais fisiológicos estão diretamente conectados àquela emoção específica.

Muitas pessoas não têm nem consciência da emoção que experimentam. Já aconteceu de você assistir a uma cena onde um homem está gritando, furioso, com rosto vermelho, a carótida quase saindo do pescoço, e um amigo pedir para ele se acalmar ou não ficar tão nervoso, e ele responder gritando que não está nervoso? Pois bem, a maioria da humanidade está nesse estágio, de não saber nem o que está sentindo, apenas reage ao estímulo interno. Vai do estímulo ao ato, sem passar pela consciência.

Quando só reajo ao estímulo interno, significa que não desenvolvi suficiente consciência de mim mesmo e que, portanto, dificilmente conseguirei parar o mecanismo que está se desencadeando de forma praticamente automática, longe demais do controle emocional, que pressupõe um direcionamento da energia da emoção. Se nem tenho consciência de que o carro está ligado, como posso dirigi-lo?

É muito importante, nessa altura, frisar que o controle emocional não tem nada a ver com a repressão da emoção, pois quando tentamos reprimir ou banir a emoção, ela volta prepotente e incontrolada numa próxima ocasião. O controle, nesse caso, é observar e direcionar o que e como a energia emocional está querendo se manifestar.

Sem essas duas rochas da consciência e do controle emocional, que são os fundamentos, a casa fica instável: posso, sim, me automotivar, ser empático e ter relações, mas nunca será uma consciência real, pois me falta a sensibilidade de perceber de onde se origina aquele comportamento. Posso me dizer que a próxima vez será melhor, pôr um filme para dar gargalhadas e esquecer a sensação de derrota — e isso pode até funcionar, mas ainda faltará aquela consciência primária, que pode me ajudar a ser alguém melhor e a ficar com as lições depois do processo.

O desafio proposto aqui, então, é o de tomar consciência das sensações, não apenas notar que há emoção, pois isso vai permitir que se identifique como desconforto a sensação ao tomar decisões incorretas para a sociedade. Felizmente, hoje em dia, não precisamos mais explicar que técnicas como a meditação são uma bênção para a humanidade, pois Jon Kabat-Zinn[2], com suas pesquisas científicas, ajudou milhões de pessoas a acreditarem que o bem-estar que estavam experimentando era real, já que tinham seus dados cientificamente monitorados!

Recomeçar de si significa se colocar no centro da atenção, não de forma egoica, mas de maneira curiosa, observando minuciosamente as sensações internas e seguindo todo o percurso, para ver qual resultado (output) produzem. O campo social produzido nessa falta parcial de consciência de si é o que temos à frente dos olhos a todo tempo: o mundo normal do dia a dia, dos jornais e da TV, das redes sociais. Trata-se de um mundo fundado sobre o meu bem-estar egoico, aquele bem-estar que tento perseguir a qualquer custo, seja ao gritar com o outro, seja ao bater no outro, dominar o outro, matá-lo ou usar armas de grande extensão para matar mais pessoas até acreditar que eu seja o mais poderoso. Encontrei-me, certa vez, com o filósofo brasileiro Mario Sergio Cortella, que escreve que "Reconhecimento é a melhor forma de estimular alguém". O que sempre me chocou no Brasil é como a opinião pública, a mídia, se deslumbra pelo pensamento neocolonial obsoleto. Já Nietzsche, mais robusto que Cortella, escrevia "Desejo de reconhecimento é um desejo de escravo". Reconhecimento é melhor que chicote para estimular, caro Cortella, concordo. O pensamento "Kodak" na nova era digital é exagerado, é o livro do Leandro Karnal *Todos Contra Todos, o Ódio Nosso de Cada Dia*, em que

---

2   Professor emérito de Medicina e criador da redução da tensão clínica e do Centro de Atenção Plena em Medicina, Saúde e Sociedade da Universidade de Massachusetts Medical School. Kabat-Zinn foi aluno de mestres budistas como Thich Nhat Hanh e Mestre Zen Seung Sahn e membro fundador da Cambridge Zen Center. Sua prática de yoga e estudos com os professores budistas levou-o a seus ensinamentos, integrados a descobertas científicas. Ele ensina mindfulness, que, segundo ele, pode ajudar as pessoas a lidarem com o estresse, a ansiedade, a dor e a doença. O programa de redução de estresse criado por Kabat-Zinn, redução do estresse baseada em mindfulness (MBSR), é oferecido por centros médicos, hospitais e organizações de saúde.

ele explica a raiz cultural e a história dos conflitos. O problema é que a maioria das pessoas no Brasil tem a filosofia e o gosto de ter ganhos mútuos, mas, na prática, surgem diferenças de interesses, de valores e de percepção. Essas diferenças se tornam problemas e, depois, conflitos de identidade, ódios interpessoais com emoções destrutivas. Por quê? Porque as pessoas não têm competência técnica para negociar. A competência é a única autoridade que faz o outro crescer. A crise da autoridade é a crise do chicote. Nem a admiração por Eike Batista, com seus jatos e mulheres, nem o *reconhecimento* do seu poderoso chefão mestre, nem a natureza histórica da guerra de todos contra todos são soluções para superar o conflito de interesses, a violência e a corrupção.

Essa busca narcisista de um sentimento de paz, fantasiado como sentimento de todo-poderoso nos leva a um caminho de infelicidade ou "felicidade de Facebook", aparente, falsa. Como falamos, nela faltam as rochas básicas das fundações estáveis.

Peter Levine explica que a falta de percepção de si é provavelmente imputável, na maioria dos casos, a traumas vivenciados na etapa do desenvolvimento infantil, ou fruto de traumas sucessivos que privam o ser humano da capacidade de se perceber, e, portanto, a uma dicotomia entre mente racional e sensação. Essa dicotomia é um congelamento de parte de si. O doutor Levine foi inspirado a estudar o estresse sobre o sistema nervoso animal quando percebeu que os animais estavam constantemente sob ameaça de morte, mas não mostravam sucessivamente sintomas de trauma. O que ele descobriu foi que o trauma tem a ver com a terceira resposta de sobrevivência à ameaça de vida percebida, que é o congelamento. Quando luta e fuga não são opções, congelamos e nos imobilizamos, como quem "se faz de morto". Isso nos torna menos um alvo. No entanto, essa reação é sensível ao tempo, em outras palavras, ela precisa ser explicitada rapidamente: a energia maciça que foi preparada para a luta ou fuga é descarregada através de tremores[3]. Se a fase de imobilidade não termina, então essa carga permanece presa e, do ponto de vista do corpo, ele ainda está sob ameaça. A abordagem desenvolvida por Peter Levine, chamada de Somatic Experiencing, trabalha para liberar essa energia armazenada e desativa o alarme de ameaça que causa desregulação e dissociação severa. Quando não acontece, essa acumulação constante desregula completamente o sistema nervoso, manifestando-se numa percepção distorcida da realidade.

Tudo isso bem se encaixa com as pequenas sabotagens de presença plena perpetradas contra a minha criança interior, desde que sou criança: não sentir fome ("É impossível que você não tenha mais fome!"), ou sentir fome quando estou satisfeito ("Você comeu tão pouco, é impossível que você não tenha fome!"), não sentir frio ("Este calor não precisa de blusa!") ou sentir frio ("Estou com frio, pega a blusa!"), abraçar alguém que não gosto ("Sei que você não gosta da tia Berneia, porém precisa dar um abraço"), fazer algo de que não gosto, pois é educado, legal, certo; ou não fazer algo que gosto, como subir numa árvore, correr na grama sem sapato (ou com sapato). Além das sabotagens ou boicotes contra as minhas sensações naturais de criança, teremos os boicotes de gênero: "menino não chora", "isso não é coisa de menina" ou, menos agressivo, mas sempre deletério: "não chore, porque não é grave", aí negando a sensação e a emoção da criança. A visão de extraterrestre nos ajuda a perceber, cognitivamente, um mundo "artificial".

O próximo passo a que Scharmer também convida é subir no braço direito do U, sentindo profundamente a nossa humanidade violada e reencontrada, é o entendimento profundo que não abrange a mente, e sim, o coração. Esse passo não é tão simples, pois os bloqueios

---

3   Para se aprofundar, veja também a técnica elaborada por David Berceli, chamada de TRE (Tension and Trauma Releasing Exercises). Referência completa: BERCELLI, DAVID. *Neurogenic tremors in the TRE process*. Disponível em: https://www.youtube.com/watch?v=9NePsUkMo-dA>. Acesso em: 03 de jul. 2018.

Passos para um comportamento ético anticorrupção   135

culturais e neurofisiológicos são tamanhos e antigos: não é realmente um processo espontâneo e intuitivo. Seria como pedir para trocar de time de futebol, tão banal e tão difícil: a educação, a cultura e a neurofisiologia emocional radicaram o sentimento de amor de uma equipe dentro da criança e, quando adulta, não consegue mais olhar, como um extraterrestre, ao redor de si mesma — ou mesmo que consiga observar com a consciência cognitiva, não terá tão facilmente a consciência emocional para se desconectar do time de coração da infância, mesmo sabendo que aquele jogador ou seu time, por exemplo, erraram ou trapacearam: a emoção ganha sempre sobre a razão!

O que é surpreendente é que Otto Scharmer, em sua teoria U, enfrenta os mesmos fantasmas: o que nos freia da ação diferente é a voz do julgamento, a voz do cinismo e a voz do medo. A teoria U propõe um esforço para não escutar as vozes, enquanto a teoria de Peter Levine explica por que essas vozes continuarão a nos perturbar até que elas sejam plenamente escutadas e pacificadas, pois fazem parte de uma experiência de trauma ou de estresse pós-traumático ou de trauma vicário, ou seja, de algo não vivenciado diretamente por nós, mas que vimos acontecer a alguém e nosso corpo-mente incorporou, ou simplesmente de construto emocional radicado em nossa infância por meio do dia a dia. Dessa forma, estamos parados na ação, escutando vozes de julgamento, de cinismo ou de medo que não necessariamente existem, mas que necessariamente nos impedem de agir.

A primeira sugestão, portanto, é nos tornarmos observadores neutros do nosso dia a dia, colocando perguntas simples: por que estou fazendo isso? De onde vem a vontade de agir assim? E perguntas mais simples ainda, como: quais os sinais que estou sentindo presentes no aqui e agora? Somente quando estou completamente presente no aqui e agora consigo começar o processo U; antes disso, estou no julgamento ou no download de informações, para usar a linguagem de Otto Scharmer.

Esperamos que você consiga entender que a quebra de paradigma é tamanha!

Vendo o nosso belo planeta azul de longe, provavelmente poderemos perceber muitos absurdos. E creio que possamos começar com a percepção de que o fundamento para uma vida ética é baseado, também, na capacidade de se colocar no lugar do outro e em uma educação que leva à reflexão sobre o sentido da vida — e que essa reflexão, esse meditar, nos leve a perceber, em nossa vocação individual, como podemos contribuir para um mundo melhor. A proposta apresentada em algumas palestras são as perguntas do trevo[4]: meu comportamento (ou ações) está sendo bom para mim? Meu comportamento (ou ações) está sendo bom para quem está envolvido no meu trabalho ou família? Meu comportamento (ou ações) está sendo bom para a comunidade onde moro? E, enfim: meu comportamento (ou ações) está sendo bom para o planeta? De fato, não adianta produzir uma sacola plástica se depois não penso no impacto e na sustentabilidade. A ideia pode ser ótima, eu trabalho nisso, envolvo meus colegas, geramos emprego para muitos profissionais em uma fábrica de plástico, mas a última pétala do trevo nos adverte que o planeta vai sofrer.

A conscientização pessoal se dá por meio da reflexão, da meditação sobre nossas decisões cotidianas, e é dessa conscientização que surge a racionalidade ampliada, uma espécie de benchmarking, de comparativos entre ideias e experiências. Podemos dizer que isso é um tipo de mindfulness: uma atitude sua que lhe faça sentir bem ou mal sob o aspecto moral da consciência, como resultado de uma reflexão sobre essa ação. Pode ser o pensamento anterior à ação, como acabamos de discorrer, ou pode ser o arrependimento e a vergonha da exposição após reiteradas atitudes de corrupção, como parece ser a

---

4   A primeira palestra com esse título foi ministrada por Monica Simionato em Outubro de 2016 em Natal, no Congresso de Qualidade de Vida e Saúde no Trabalho, organizado pela Escola de Governo de Rio Grande do Norte.

recente postura do ex-governador do Rio de Janeiro, Sérgio Cabral[5], condenado, até agora, a 198 anos de prisão, ou pode ser a vergonha porque você comprou uma garrafa de plástico um real mais barata que sua concorrente reciclável. A meditação, conscientização ou mindfulness pode ser tomada como um fator de educação do cidadão que também é consumidor, trabalhador, acionista, fornecedor e todos os demais papéis que ele desenvolve.

Uma educação de aspecto abrangente

Certo nível de educação é necessário para que uma consciência mais ampla surja (Davidson, R. Begley, 2012). Como é a relação dos pais dos estudantes com as escolas hoje — em especial, as escolas de ensino privado? Hoje se verifica o conflito de interesses também na escola, e talvez isso explique um pouco as deformidades de caráter que a educação privada, em caso de conflito de interesses, ajuda a produzir, se ela já não vem boa de dentro da família. Um exemplo pode ser visto quanto ao tratamento dado pela escola ao *bullying*. Há relatos entre os pais de alunos de escolas privadas cujos filhos são alvo de *bullying* de que, após se dirigirem à escola e conversarem com a direção ou com a coordenação pedagógica, pais e filhos se deparam com uma escola inerte quanto à coibição e outras formas efetivas de tratar o comportamento impróprio dos alunos agressores. Geralmente, os pais identificam conflitos de interesses como fonte dessa inércia: por vezes, os alunos agressores tiram boas notas e elevam a nota final da escola na avaliação do MEC, então, se intelectualmente o aluno vai bem e contribui para o marketing da escola, a questão da formação emocional e da formação do caráter fica em segundo plano. O conflito de

---

5   GUIMARÃES, Arthur; LEITÃO, Leslie; SOARES, Paulo Renato; TV GLOBO; G1 RIO; GLOBONEWS. *'Apego a poder, dinheiro é um vício', diz Sérgio Cabral em depoimento à Justiça Federal do RJ*. Disponível em: https://g1.globo.com/rj/rio-de-janeiro/noticia/2019/02/26/sergio-cabral-presta-depoimento-na-justica-federal-no-rj.ghtml. Acesso em: 24 de mai. 2019.

interesses existe porque a escola se preocupa mais com seu negócio do que com a formação integral do aluno.

Numa experiência inversa, quando a escola chama os pais dos alunos agressores para tratar com a questão, os pais, por vezes estressados ou simplesmente desinteressados em assuntos que ocorram no interior da escola com seus filhos, manifestam seu incômodo e julgam que seja tarefa exclusiva da escola tratar do caráter e da educação emocional de seus filhos. Para a escola não criar, então, maiores conflitos com os pais e perder o aluno, passa a fazer uma política de "panos quentes", e aí se configura na criança ou adolescente um processo de desenvolvimento humano com deformidades de caráter.

O resultado, temos visto: crianças que chegam à adolescência e à fase adulta sem saber ouvir "não", sem saber dividir, que não sabem reconhecer o próprio erro e muito menos lidar com ele — não aprendem a assumir erros, a tolerar, a respeitar, a balancear direitos e deveres, a viver coletivamente, a cooperar. Tornam-se pessoas que não sabem *receber feedback* e refletir sobre suas próprias ações, frustram-se com qualquer privação e lutam apenas pelos seus direitos (ou o que entendam como tal), tendo interesse apenas sobre si mesmas. A falta de maturidade emocional e as falhas de caráter tornam-se o "teto baixo" da alçada de voo de seu desenvolvimento intelectual e profissional — e, por conseguinte, de sua atuação social[6]. Sua atitude sempre tenderá ao favorecimento próprio e à busca de seus interesses pessoais em detrimento do interesse do próximo, da coletividade e de seus deveres como cidadãos.

O resultado também se reflete no mercado: recentemente, uma grande incorporadora brasileira suspendeu seu programa de trainees porque os estudantes ou recém-formados universitários chegavam intelectualmente preparados, mas extremamente mal-educados. A

---

6   FAGUNDEZ, Ingrid. *Bem-formada, nova geração chega mal-educada às empresas, diz filósofo.* Disponível em: <http://www.bbc.com/portuguese/geral-36959932>. Acesso em: 14 de mai. 2018.

predominância desse perfil gerou experiências tão desgastantes e infrutíferas que a empresa avaliou que o melhor era desistir do programa, outrora um investimento, já que elementos tão básicos como a educação familiar e a do caráter não eram mais "itens de série" no estudante ou recém-formado brasileiro.

Nesse ponto, é importante perceber que a educação empresarial deve ser parte da melhoria contínua, especialmente no que diz respeito à ética e compliance — que devem andar juntos na empresa e nas organizações públicas, caso contrário, o "é imoral, mas não é ilegal" poderá continuar guiando as decisões que destroem a confiança das pessoas nas empresas e nas organizações públicas, já que os critérios são de uma legalidade vazia, desprovida de ética e de consonância com o bem comum.

Como recomenda o relatório sobre a ética do servidor público da Assembleia Nacional francesa, é preciso pensar nas *sementes* que se lançam na educação familiar e escolar, porque elas podem gerar escolhas na vida de um indivíduo que se reflitam como conflitos de interesses. E essa educação precisa continuar e se estender ao ambiente organizacional do trabalhador, do empresário e da instituição pública, senão esse indivíduo somente agirá "corretamente" se estiver sob vigilância — de um professor, de um supervisor, de um chefe, de um radar fotográfico, de um relógio de ponto, de uma câmera filmadora, da polícia, enfim, de qualquer sistema de monitoramento comportamental. Ele não desenvolverá uma atitude fundada na *ética*, no compromisso que alguém tem consigo mesmo de ser correto, esteja outro olhando ou não.

Nosso comportamento no trânsito ilustra bem essa questão. Uma vez que eu seja bem-educado no trânsito, posso até o ser por ter medo da fiscalização no sinal vermelho, mas mesmo que seja um tipo de "altruísmo interesseiro" construído, acaba por se tornar um comportamento predominante o fazer certo, e acaba sendo desnecessário que haja constantemente um elemento externo controlador verificando se eu estou fazendo certo ou não. É por causa disso que as prisões da Noruega e da Finlândia são quase vazias: porque fizeram um trabalho pesado sobre a empatia, sobre a cidadania, sobre a relação com o outro e sobre não ter como alternativa a lei de Gérson, da vantagem, o "malandro esperto", aquela pessoa que "sacaneia" para ter mais e deixar o outro sem nada.

Há também o aspecto educativo oriundo das orientações religiosas. Podemos ilustrá-lo a partir do que disse o apóstolo Tiago na Bíblia[7]: que a verdadeira religião que agrada a Deus, aceita como sincera e pura, é cuidar dos órfãos e das viúvas nas suas dificuldades e guardar-se isento da corrupção do mundo[8]. O amor que Jesus pregava sempre foi manifestado em suas atitudes, e, da mesma forma, a religião, seja qual for, deve conduzir o que a professa a praticá-la, como diz o ditado: amor é atitude! Daí o resultado de cuidar das pessoas e cuidar de si mesmo, legítima expressão de uma negociação ganha-ganha, que, a partir de uma ética interior que se desvia da corrupção, busca o bem comum e favorece também a si mesmo, sem que isso abra portas ou justifique caminhos para benefícios mútuos conduzidos por conflitos de interesses. Observados os princípios religiosos de cada religião e considerando seu aspecto positivo de amar ao próximo e de honrar e servir a Deus, à humanidade e à natureza, é possível separar a "verdadeira religião" da "falsa" — esta última, utilizada apenas para justificar decisões e atitudes irracionais, tomando aspectos de cada crença fora de seu contexto e princípios globais. É possível observar e reprovar atitudes de religiosos professos no mundo inteiro, mas, para além e antes disso, não se pode esquecer que contribuições muito maiores e mais importantes do ponto de vista da formação moral e

---

7   BÍBLIA. *Sobre a prática da palavra de Deus.* Tradução de João Ferreira Almeida. Barueri: Sociedade Bíblica do Brasil, 2009. Velho Testamento e Novo Testamento.

8   Carta do apóstolo Tiago, capítulo 1, versículo 27 — Bíblia Sagrada.

ética do indivíduo foram responsáveis por pacificar as relações intra e entre grupos sociais em aspectos que transcendem o controle externo da lei ou o altruísmo interesseiro de quem é vigiado, resultado de um compromisso interior longe de câmeras de radar ou câmeras televisivas, de olhares de pessoas ou de regras formalizadas. Aquilo que a lei não é capaz de alcançar, a formação moral e ética interior, muitas vezes resta apenas à religião como recurso mais eficaz na ausência de uma estrutura familiar ou de uma educação formal. Assim, de modo algum se pode colocar à parte a importância da contribuição da religião na formação dos compromissos morais e éticos interiores de um indivíduo — até mesmo para os indivíduos não religiosos, que recebem de aspectos culturais legados de ensinamentos e práticas religiosas as mesmas heranças em sua formação cultural laica.

Tomada num contexto mais amplo, a herança cultural de cada país ou região deve ser compreendida e levada em conta no contexto de diálogos interculturais, a exemplo de processos de negociação internacionais, a fim de se evitarem ruídos relacionados a preconceitos e formas de linguagem. Combalbert & Marwan trabalham brilhante instrução a esse respeito, quando delineiam comportamentos padrões de negociadores por países ou regiões[9] e demonstram claramente uma história de formação comum subjacente à cultura de regiões, países, nações, que será determinante no comportamento pessoal do indivíduo e diante da coletividade, dentro e fora de sua terra natal. Nesse momento, os autores orientam que a educação formal deve conduzir a esse reconhecimento e ao preparo para lidar com as diferenças, a fim de que conflitos sejam evitados ou resolvidos, buscando sempre o melhor para as partes envolvidas.

---

9   Management Magazine. *Réussissez (vraiment) toutes vos négos. En Exclusivité: Les 1ers extraits de « Négociator », le livre événement de Laurent Combalbert et Marwan Mery.* Prisma Media. Março, 2019. N° 272.

142 Conflito de Interesses e Serum Anticorrupção

Existe, ainda, um aspecto educativo que alcança até mesmo os setores tradicionalmente punitivos na educação do ser humano. Hoje, no Brasil, o Judiciário está entrando com a justiça restaurativa e a mediação penal, que vêm justamente buscar despertar e desenvolver a consciência de quem fez um crime em vez da simples aplicação de uma pena de prisão de anos e anos. Esse tipo de condução parece ter um poder muito maior de redenção e de correção do que o uso exclusivo do isolamento social como forma de dissuasão. Como exemplo, temos os Grupos Reflexivos para Autores de Violência Doméstica, que atendem a uma determinação da Justiça e reúnem homens autores de violência doméstica em processo de ressocialização. Como resultado desse trabalho, a Secretaria Cidadã do estado de Goiás relata que 98% dos agressores que participam do curso não reincidem no crime.

Todo esse conjunto educacional — familiar, escolar, religioso, cultural, empresarial, restaurativo — visa conduzir o indivíduo à decisão de pensar em si mesmo e no outro de maneira convergente e benéfica, para relações sociais favoráveis à justiça, à equidade e à paz social, que resultem numa expressão efetiva de bem comum. Trata de dar-lhe opção, poder de escolha, de visualizar mais do que apenas o cenário da vantagem pessoal mal motivada, do conflito de interesses.

O envolvimento político é imprescindível para que haja uma mudança duradoura

Nossa caminhada por meio de possíveis soluções para que o mundo se torne menos corrupto está apenas começando. Insisto bastante na liderança pelo exemplo. Trabalhando com muitos executivos e nas universidades, o tema que mais vem à tona é o da liderança. As pessoas procuram se tornar líderes porque acreditam que terão mais poder e menos responsabilidades, menos dor de cabeça. O que acontece é exatamente o contrário. As empresas que nos procuram sabem que nossa proposta é baseada sobre três pilares: liderança pelo exemplo, liderança participativa e liderança estudiosa, que vai em busca de aprendizagem e do Kaizen, da melhoria constante. Aquele líder mandão morreu ou está prestes a morrer. Ele não funciona mais por vários fatores: hoje, todas as pessoas têm acesso ao saber, portanto quem sabia mais no passado não existe mais hoje: grande parte do mundo pode ter acesso ao saber e às escolas, mesmo que seja online. Por isso, as pessoas não aceitam mais ser brutalizadas ou maltratadas. Um grande avanço social, uma tentativa de reduzir os traumas geracionais está acontecendo agora. O movimento está mundialmente progredindo.

Mesmo não sendo todos líderes formais, todos podemos ser líderes de nós mesmos, cidadãos exemplares.

Repensando nas várias abordagens propostas, vemos que o indivíduo não é mais pequeno e insignificante, mas é o gatilho da mudança, e mesmo sozinho pode ser o ativador para que muitas outras pessoas contribuam para a mudança. Sob essa perspectiva, cada indivíduo pode fazer muito para impactar, enfrentar e ativar uma mudança profunda, uma mudança ecológica, nas mais amplas dimensões da palavra.

Observando o mundo como por um olhar externo a ele, podemos perceber que muitas partes do planeta têm sofrido polarizações internas perigosas. Governos extremistas estão se afirmando numa onda de conservadorismo retrógrado ou de socialismo/comunismo pseudossalvador, que criam inimigos externos, premiam rótulos, homologam ideias preconcebidas e inibem o pensamento autocrítico, e que são, de fato, inimigos da inclusão, da pluralidade e do progresso social. O verdadeiro diálogo político está ausente em muitos parlamentos, a começar dos próprios parlamentares. Isso não surpreende, pois esse cenário reproduz o esquema de famílias sem diálogo, de "amigos" de Facebook, de instantâneas de Instagram, do descartável. Vale uma ilustração: de que adianta jantar em casa se cada um fica com seu celular ao lado do garfo e, logo que tocar o aviso de notificação, para de comer e consulta a tela? É preciso de muita disciplina para não se cair na armadilha do bip. Se conseguirmos, porém, o dono do diálogo vai nos abençoar. Uma pesquisa feita nos Estados Unidos entre 1979 e 2000 demonstra que os níveis de empatia baixaram do 46% entre estudantes de escola secundária[10] e que a simples presença de um celular (mesmo desligado) cria inibição para se adentrar numa conversa mais profunda. Dialogar de forma profunda, explicando as dificuldades que tivemos no trabalho ou encorajando os filhos a contar sobre como foi o dia se torna cada vez mais raro. Num experimento conduzido em 2014, os nativos digitais, assim chamados por nascerem já "ligados" no smartphone, retomam níveis de empatia aceitáveis apenas depois de ficarem cinco dias num campo com outros adolescentes, rigorosamente sem acesso à tecnologia. Não se trata de ser observador, mas de constatar que a falta de empatia leva a uma questão maior relacionada a reconhecimento emocional, à falta de entendimento de comunicação não verbal e, algumas vezes, a não saber articular frases de senso lógico ou não entender pequenos trechos de articulação complexa[11]. Implementar diálogo, abrir-se a uma conversa de natureza mais introspectiva, ajuda a desenvolver mais consciência emocional e comunicativa. Assim, gradando-se para escalas maiores, o indivíduo se projeta e vai ter impacto nos parlamentos, nos governos e nas nações, viabilizando tolerância e inclusão, expansão de bem--estar e redução das polarizações. *My Country Talks* ("Minha Nação Dialoga") é uma plataforma internacional de diálogo político organizada na Europa, que tem como escopo favorecer o diálogo entre indivíduos com ideias diametralmente opostas (www.mycountrytalks.

---

10 COLBERT, Amy; YEE, Nick; GEORGE, Gerard. The digital workforce and the workplace of the future. *Academy of Management Journal, 59, (3), 731–739.* Research Collection Lee Kong Chian School Of Business. 2016.

11 Ibidem

org). Uma publicidade da cerveja Heineken[12] mostrava algo parecido: dois desconhecidos que, em entrevistas anteriores, tinham declarado suas visões extremas sobre temas delicados, como o aquecimento global, o feminismo e os direitos de transgêneros, dentre outros, eram chamados para fazer uma tarefa juntos. Tratava-se de montar um móvel, de consertar algo quebrado, e, depois de terem construído uma relação de simpatia, os dois eram chamados para assistirem às entrevistas anteriores. A pergunta, ao final, era se eles queriam ficar dialogando um com o outro na frente de uma cerveja ou se queriam ir embora. Vale ver essa publicidade, pois mostra como pode ser relativamente fácil construir uma ponte entre indivíduos de visões opostas. Nos casos filmados, todos ficaram. Porque criar relações ajuda a se abrir e a entender a emoção do outro. A Heineken mostrou o que é uma das funções da escola: encorajar comportamentos de abertura e de escuta recíproca contribui para limitar os extremismos e as polarizações, pois as soluções que derivam disso terminam por espelhar a compreensão recíproca.

Começar de si mesmo, envolvendo-se na mudança em grupos sociais, ONGs, movimentos livres, grupos de amigos, na própria empresa, para que a voz de um se torne a voz de muitos e todos pressionem os políticos para que trabalhem para o bem-estar e florescimento da sociedade humana. Quer seja de cima ou de baixo, o movimento de mudança já começou, e isso é o que mais conta!

Na primeira parte do livro, exploramos, juntos, um mundo ambíguo, onde o conflito de interesses pode cair rapidamente num esquema de corrupção. Somente não cairia na corrupção se a pessoa que deve tomar decisões e que sofre o conflito se abstivesse da votação ou da tomada de decisão e delegasse alguém neutro para o ato.

---

12 HEINEKEN. *Worlds Apart (Heineken Integrated Campaign)*. Disponível em: <https://www.youtube.com/watch?v=_yyDUOw-BlM>. Acesso em : 10 de mai. 2019.

Como podemos explicar e mostrar para nossos filhos como funciona o mundo, sem ter vergonha? O que podemos ensinar que seja de valor e que contribua para mudanças positivas na humanidade?

Eis por que, após uma análise precisa de mecanismos de conflitos de interesses e corrupção, seguem-se pistas baseadas em soluções que envolvem o indivíduo singular, porém imprescindíveis para a participação na vida comunitária em sentido político ou social.

Como diz um antigo ditado, muitos pequenos humanos juntos podem mudar a face da Terra. Então, a mensagem final sobre o indivíduo vai nessa linha. Quando você entrar numa associação, quando se tornar parte de organizações mais articuladas, quando tomar consciência de estar num grupo como stakeholder de um conjunto maior, tome a palavra para explicar sobre os riscos do pensamento grupal, avise e ponha em guarda sobre como sem pensamento autocrítico o grupo escorrega numa seita, num programa partidário e polarizado. Os elementos do pensamento grupal a curto prazo dão a ilusão de se estar numa rocha forte, mas a longo prazo portam a derrota total do grupo e do sistema. Quando você estiver como líder de um grupo, proponha a teoria U, impulsione o diálogo, imite a plataforma Europe Talks (não foi à toa a Alemanha a lançar o projeto!)[13].

Não se trata somente de agir como um ser humano com elegância moral. Trata-se de oferecer ao grupo maiores possibilidades de sucesso, pois, como Torrance (1957) demonstrou, os grupos que têm tolerância elevada frente a ideias diferentes são mais longevos, saudáveis e eficazes!

Os inimigos ou adversários, com suas críticas, podem se tornar uma fonte de consciência pessoal para nos alertar de passos falsos, de decisões erradas. Quando estiver completamente seguro de algo,

---

13 FINANCIAL TIMES. *Europe Talks*. Disponível em: <https://ig.ft.com/europe-talks/>. Acesso em : 28 de mai. 2019.

demande de alguém que tenha opiniões diferentes das suas, isso serve como verificação ou "teste de estabilidade da ideia", antes de decidir.

A polarização nunca leva a um lugar evoluído e de sucesso, pois constrói ódio e sentimentos negativos extremados. Num curto prazo, pode até dar a ilusão do sucesso, mas o outro lado, que provavelmente foi pisado, menosprezado, injustiçado, somente está à espera da reviravolta, para agir com a mesma moeda. A História mostra isso — quanto maior a repressão, maior será a revolução e maior será a violência. Você, observando a História da humanidade, não acha que as guerras são ridículas? Demasiada violência para vender armas e enriquecer poucas pessoas. Imagine se os humanos se coligassem contra as epidemias, em prol da educação... Imagine que planeta florido seria a Terra... Quem participou da plataforma *Europe Talking* confirma que, ao final da discussão com o adversário, ambos tinham entendido o outro e achado formas de colaborar para solucionar os problemas.

Em sua escuta interior, você já tem consciência de que ira, raiva, cólera, menosprezo, medo e tristeza criam sensações aberrantes. Quando estamos coléricos com alguém, fisiologicamente estamos produzindo toda gama de hormônios e neurotransmissores negativos até para nossa saúde.

Monitorando os cérebros de quem está no poder e atua como poderoso, alguns pesquisadores observaram que as áreas ligadas à empatia e à escuta são menos desenvolvidas. Os antigos gregos chamavam a arrogância de quem comanda sem escutar o grupo de húbris. Essa húbris que, muitas vezes, está visível no nível social, está agora visível por meio de ressonâncias magnéticas. No livro, mostramos uma panorâmica sobre organizações complexas até chegar ao indivíduo. Este último é o elemento crucial da mudança, pois com a conscientização individual, a pessoa pode contagiar os outros com informações, levantando a dúvida e estimulando a escuta crítica de si e do outro, evitando aquele medo e inconsciência que a levam ao conflito de interesses e à corrupção. Práticas de introspecção, como rezar, meditar, praticar yoga ou disciplinas afins, no profundo do nosso coração, ajudam a ativar a dúvida: será que nossos comportamentos estão sendo éticos? As perguntas do trevo, como vimos anteriormente, estão aí para ajudarem nesse questionamento.

Newgotiation: aprender a negociar com novas maneiras de negociação

A negociação se desenvolve em situações em que é preciso equilibrar o poder diante de uma assimetria de poder. De acordo com o livro *Negociação Total*[14], passamos 80% da nossa vida negociando. O Carnegie Institute of Technology realizou uma pesquisa[15] que mostrou que 85% do nosso sucesso financeiro devem-se a habilidades em "engenharia humana", personalidade e capacidade de comunicação, negociação e liderança. Eles descobriram que apenas 15% são devidos à habilidade técnica (científica/finalística). Em outras palavras, as habilidades altamente relacionadas à inteligência emocional são habilidades cruciais (Pert, 1997)[16]. O psicólogo israelense-americano, vencedor do Prêmio Nobel, Daniel Kahneman, descobriu que as pessoas preferem fazer negócios com alguém de quem gostem[17] e em quem confiam em vez de alguém de quem não gostem, mesmo que essa pessoa ofereça um produto melhor por um preço menor.

---

14 WANDERLEY, José A. *Negociação total: encontrando soluções, vencendo resistências, obtendo resultados.* São Paulo: Editora Gente, 1998.

15 DEUTSCHENDORF, Harvey. *Why emotionally intelligent people are more successful.* <https://www.fastcompany.com/3047455/why-emotionally-intelligent-people-are-more-successful>. Acesso em: 07 de jun. 2018.

16 PERT, Candace B. *Molecules of Emotion: The Science behind Mind-Body Medicine.* Nova York: SimonandSchuster, 1997.

17 KAHNEMAN, Daniel; Tversky, Amos. Psychology of Preferences. *Scientific American*, Vol. 246, n. 1, p. 161-173, 1982.

Para testar essas descobertas, pense na última vez que você comprou um item principal, uma casa, um automóvel ou um eletrodoméstico grande, e teve que lidar com um vendedor. A pessoa era alguém de quem você gostava e confiava? Nas minhas palestras, sempre que faço essa pergunta, invariavelmente toda a plateia responde que sim, que a pessoa de quem compraram um item grande era alguém de quem gostavam e em quem confiavam. A teoria sobre por que os vendedores com as habilidades emocionais certas se saem melhor do que aqueles que não possuem essas habilidades é corroborada por um estudo realizado pelo Grupo de Pesquisa e Inovação Hay/McBer, em 1997, no âmbito de uma grande seguradora dos Estados Unidos. Eles descobriram que os agentes de vendas que eram fracos em áreas emocionais, como autoconfiança, iniciativa e empatia, vendiam apólices com um prêmio médio de US$54.000, enquanto aqueles fortes em cinco de oito competências emocionais vendiam apólices com valor médio de US$114.000.

De acordo com a Forbes, as empresas da Fortune 500 têm uma baixa taxa de sucesso na implementação de projetos: de cada 100 projetos, apenas 30 acabam sendo implementados, enquanto 70 falham por causa da falta de liderança dos gestores, que têm pouca capacidade de negociação entre os departamentos internos. O Programa de Negociação de Harvard levantou que 95% dos executivos americanos nunca receberam formação em negociação e resolução de conflitos (Mnookin, 2011)[18]. A técnica de *newgotiation*[19] que desenvolvemos ajuda os líderes e gestores públicos[20] a criar mais valor em negócios, reduzindo custos, criando satisfações mútuas, acordos sustentáveis equilibrados e projetos e políticas públicas, seja dentro da empresa,

---

18 MNOOKIN, ROBERT. *Negociando com o Diabo: quando dialogar, quando lutar.* São Paulo: Editora Gente, 2011.

19 DUZERT, YANN. *Newgotiation: Newgociação no cotidiano.* Rio de Janeiro: Newgotiation Publishing, 2017.

20 DUZERT, YANN; ZERUNYAN, FRANK. *Newgotiation for public leaders.* Los Angeles: University of Southern California Press, 2016.

150 Conflito de Interesses e Serum Anticorrupção

seja em relações interinstitucionais. A organização e sua equipe melhorarão a probabilidade de fazer um acordo e de incrementar o valor do negócio — com satisfação mútua, execução duradoura (sustentável) e alta produtividade, seja para executar um projeto ou resolver um conflito.

Ricardo Amorim constatou que o principal fator de sucesso de uma nova organização deve-se 85% ao tempo certo ou *timing* (lei, política ou serviço que chega na hora em que o consumidor ou cidadão precisa ou aceita). Dos 15% restantes, 32% são devidos ao tempo de execução (uma reforma que não demore 10 anos para passar pelo Congresso, Senado e seguir adiante), 28% devido à ideia (nova opção ou solução que resolve um serviço de transporte ou saúde pública etc.), 24% devido ao modelo de negócio (custo para o usuário ou para o cidadão, boa engenharia de parceria público-privada negociada) e 4% ao financiamento, sendo os restantes 12% distribuídos entre outros fatores menores. Saber negociar permite assegurar nosso bem-estar, nossa satisfação e conciliar com o outro, com o bem público. Neutralizar esse antagonismo é o valor do contrato social, do acordo com a elegância moral. Ser um *newgociador* cidadão é ser alguém que pensa a econômica positiva, a temperança, a compatibilidade entre ser ético com os outros, altruísta e interesseiro ao mesmo tempo.

Recordemos o dado já mencionado de Moisés Naím (*O Fim do Poder*), de que uma empresa da Fortune 500 tem 80% de chance de enfrentar uma crise dentro de 4 anos, tal como o caso da Enron americana, ou como o derramamento de petróleo pela BP no Golfo do México, ou, ainda, como o Facebook, fazendo o uso escuso de dados de seus usuários e de contatos destes, ou o dos dois rompimentos de barragens da Vale. E também o dado de que o CEO de uma empresa Fortune 500 tem 80% de chance de perder seu emprego em 4 anos — a mesma possibilidade, ou pior, para um líder público, se considerarmos que as alianças partidárias se refazem a cada dois anos no Brasil.

Passos para um comportamento ético anticorrupção   151

O diretor do Núcleo de Sustentabilidade da Fundação Dom Cabral, Heiko Spitzeck, escreveu um artigo em que constata que você não vira CEO por causa da sustentabilidade, mas deixa de ser CEO por causa dela[21], com ilustrações fartas de casos de CEOs que perderam seus postos após desastres ambientais e escândalos de corrupção relacionados à má gestão socioambiental de suas empresas. Onde estão Tony Hayward (BP), Ricardo Vescovi (Samarco), Martin Winterkorn (Volkswagen), Aldemir Bendine (Petrobras), Klaus-Christian Kleinfeld (Siemens) e Fábio Schvartzman (Vale) depois dos desastres ambientais e dos escândalos de corrupção? Esses CEOs, afirma Spitzeck, perderam profissionalmente, financeiramente, legalmente e pessoalmente, e o autor conclui: "Antes de aceitar o convite [para ser CEO de uma empresa], pergunte-se: que legado quero deixar e para qual legado fui convidado?"

Não é mais suficiente impor um acordo ou usar táticas da "arte da guerra" para forçar um resultado desejado ou ser um manipulador ou um artista da persuasão — isso pode levar à armadilha da má decisão, um resultado frequente da decisão isolada, retomando as teorias da racionalidade limitada de Herbert Simon[22]. É preciso perceber que a outra parte pode ajudar na revisão e atualização da crença inicial e que isso pode resultar numa mudança de direção que termine por evitar um grande risco não identificado à primeira vista por conta dessa racionalidade limitada (Schelling & Carvalho, 2007)[23]. Portanto, e em continuidade ao que vimos anteriormente nas orientações sobre o comportamento do indivíduo, do líder e quanto ao trabalho coletivo, assistimos a uma mudança de comportamento que migra das

---

21 SPITZECK, HEIKO HOSOMI. *Você não vira CEO por causa da sustentabilidade, mas deixa de ser CEO por causa dela.* Disponível em: <https://epocanegocios.globo.com/colunas/noticia/2019/02/voce-nao-vira-ceo-por-causa-da-sustentabilidade-mas-deixa-de-ser-ceo-por-causa-dela.html>. Acesso em: 18 fev. 2019.

22 SIMON, HERBERT A. *Theories of Bounded Rationality.* Amsterdam: McGuire & Radner, 1972.

23 SCHELLING, THOMAS C. & CARVALHO, JEAN-PAUL. An interview with Thomas Schelling. *Oxonomics* 2 (2007): 1-8. Oxford: The Autor, Journal compilation. The Oxonomics Society.

táticas coercitivas de poder para o jogo cognitivo de rever ou atualizar crenças, resolver ambiguidades, evitar mal-entendidos, equilibrar a assimetria de informações e harmonizar visões e entendimentos, graças a outros processos de julgamento: *newgotiation* é mais sobre risco, informação e ciência de decisão baseados na boa-fé pela verdade e na decisão racional pela colaboração. Trata-se mais de inteligência coletiva e governança colaborativa, mais de concertação com especialistas e pessoas do que de decisão arbitrária baseada apenas em lei ou poder. Já a negociação da velha escola é sobre a arte da guerra, jogo de xadrez ganha-perde, flauta encantada e ações de vigaristas.

A *newgotiation* assume também que procurar a solução de negociações ou conflitos apenas por meio da lei se mostra, por vezes, insuficiente, e busca apresentar soluções para preencher essas lacunas. Psicologia, gestão de valores, identidade, respeito, confiança, moléculas de emoções[24] e neurociências[25] podem ter melhores resultados do que a só interpretação da lei ou da administração. Bill Clinton me disse, certa vez, que todos os conflitos que enfrentou em sua vida começaram e terminaram com a administração de identidades. Assim, podemos alinhar interesses por meio da Teoria dos Jogos[26], algoritmo, gerenciamento. Podemos alinhar informações, riscos e percepções cognitivas (ambiguidade, volatilidade) e identidade (também necessária para completar o triângulo de *newgotiation*). Clinton disse: "Droga, eu preferia que ele fosse um músico de jazz" para os líderes públicos que fizeram a política partidária clássica de acordo com a cartilha, sem habilidade de mindfulness e improvisação. Em vez disso, podemos desenvolver a habilidade de ser ético, respeitoso, alguém criativo que pense "fora da caixa", que aceite a diversidade.

---

24 PERT, Candace B. *Idem.*

25 DUZERT, Yann; SIMIONATO, Monica. *Newgociação: A neurociência da negociação.* Rio de Janeiro: Qualitymark, 2018.

26 FIANI, Ronaldo. *Teoria dos Jogos.* Rio de Janeiro: Campus, 2006.

Passos para um comportamento ético anticorrupção   153

Apenas usar padrões, rotinas ou leis pode ser obsoleto, não criativo, lento ou injusto, como Mandela e Gandhi provaram quando mudaram a Constituição.

Construir uma organização que negocia também é uma mudança de paradigma com a *newgotiation*. Saltar das habilidades individuais de negociação para as habilidades organizacionais de negociação é um salto de competitividade em qualquer empresa ou organismo público. Os indivíduos devem ser treinados na técnica de negociação, ter a mesma mentalidade e técnica, mas é importante ressaltar que qualquer negociador nunca atuará tão bem sozinho como se ele se beneficiar da inteligência coletiva. Ao se construir uma plataforma de inteligência coletiva, uma aliança de governança colaborativa rompe as fronteiras internas das organizações e rompe também a solidão de cada negociador que, quando isolado, sente que precisa reinventar a roda toda vez que negocia (Nelson & Winter 1985). Com o anel da intranet, por exemplo, os líderes não estão mais sobrecarregados por conflitos ou soluções de negociação a serem implementadas — aproveitando os registros de negociações anteriores e a consulta online aos colaboradores da empresa, as negociações tendem a se facilitar tanto entre as pessoas da empresa como entre essas pessoas e o fornecedor ou o cliente externo. Basta observar os resultados publicados no livro de Geoffrey Parker *Platform Revolution*. Em suas pesquisas, o autor constatou que se alguém fizesse a você uma pergunta em "Quem quer ser um milionário" e você não soubesse a resposta e resolvesse consultar a plateia no estúdio, alcançaria 91% de acerto em suas respostas, mas se você perguntasse a um especialista apenas ou consultasse um livro, conseguiria somente 60% de respostas corretas.

A nova era digital aplicada à *newgotiation* vem com soluções intersetoriais, transfronteiriças, com uma auto-organização de sistema complexo mais horizontal do que vertical. Avalia usuários e funcionários por meio das dicas que eles dão aos seus colegas, em vez de avaliá-los por sua atuação como "best-sellers" (quando escondem as soluções e as oportunidades para colegas supostamente concorrentes). O altruísmo interesseiro consiste nisso: em você dar 15 minutos de seu tempo para seus colegas, a fim de evitar que eles levem meses para encontrar uma solução, na esperança de que o outro, da próxima vez, lhe dê 15 minutos de seu tempo para evitar que você leve meses para resolver um problema e fique pressionando seus gerentes com um monte de e-mails e reuniões. Ser uma organização que negocia e com pensamento sistêmico, em associação com a inovação da transformação digital, é, agora, uma necessidade para que organizações públicas ou privadas se mantenham competitivas ou atendam a tempo e com efetividade às necessidades dos usuários e cidadãos.

Aliás, podemos agregar aqui os achados de Steven Johnson em seu livro *De Onde Vêm as Boas Ideias*[27], que investiga a origem das inovações. Ao buscar padrões identificáveis na história de 200 das maiores invenções humanas, o autor descobre que ambientes de convívio informal, bem como o convívio com pessoas de formações e origens diferentes e o compartilhamento de ideias são as condições em que surge a imensa maioria das inovações, e que a ideia do gênio isolado é um mito[28]. Entrevistado sobre o livro, Johnson afirma que "(o) modelo 'gênio solitário' não funciona. As melhores ideias surgem quando pessoas com habilidades diversas abordam o mesmo problema e trocam ideias entre si. Se cada uma delas apresenta uma visão diferente da situação, há chances maiores de surgir uma boa solução"[29].

---

27 JOHNSON, Steven. *De Onde Vêm as Boas Ideias*. Rio de Janeiro: Editora Zahar, 2011.

28 Revista Istoé Dinheiro. *Devemos conhecer os segredos da inovação*. Disponível em: <https://www.istoedinheiro.com.br/noticias/entrevistas/20110128/devemos-conhecer-segredos-inovacao/147962>. Acesso em: 04 de jun. 2018.

29 GRECO, Maurício. *O guru Steven Johnson conta de onde vem a inovação*. Disponível em: <https://exame.abril.com.br/tecnologia/o-guru-steven-johnson-conta-de-onde-vem-a-inovacao/>. Acesso em: 04 de jun. 2018.

Passos para um comportamento ético anticorrupção   155

É nesse contexto de origem das inovações de Steven Johnson, e também do ambiente tecnológico disruptivo da Terceira Revolução Industrial, descrita por Jeremy Rifkin, que podemos entender o fenômeno descrito por Bernard Stiegler como disrupção[30]: quando os fenômenos de inovações ou desordens bruscas, que rompem paradigmas de compreensão de mundo, de economia, de sociedade e de ciência, adiantam-se às compreensões das lideranças políticas e sociais, que precisam "correr" para compreender o novo paradigma, contextualizá-lo e normatizá-lo (ou ao novo contexto econômico, social, produtivo, moral ou científico que ele cria) — a disrupção se dá quando, ao conseguir compreender o novo fenômeno e incorporá-lo às normas, instituições e processos, ele já se tornou "passado", isto é, os *timings* não se encontram. Esse é um motivo a mais para recorrer à inteligência coletiva numa era em que as disrupções se tornam cada vez mais frequentes.

A resolução de conflitos e disputas públicas pode levar muito tempo se for resolvida apenas pelo elemento de conformidade ou lei. São dois anos para a primeira decisão na França ou no Brasil — que têm em comum o Direito Positivo — e, se o caso for para apelação, pode levar mais de 10 anos para se resolver o conflito. Nos Estados Unidos, no ano 2000, e considerando que adotam o Direito Consuetudinário, 93% dos casos civis foram resolvidos por acordo, sendo que o percentual hoje chega a 97%! Tamanho sucesso dos casos solucionados por acordo já levanta o questionamento da necessidade de um juiz para resolução de casos civis num futuro bem próximo. No Brasil, foram criadas as Câmaras de Conciliação, com o mesmo propósito de encurtar o caminho que seria longo, se conduzido via litígios judiciais. Quer em ambientes de Direito Positivo ou de Consuetudinário, a resolução alternativa de litígios é muito mais rápida, muito mais barata,

---

30 STIEGLER, BERNARD. *Dans la disruption: comment ne pas devenir fou?* Paris: Le Liens que Libèrent, 2016.

evita o custo do sistema judiciário e pode chegar a evitar o custo de mediadores ou até de advogados.

Assim, percebemos que é crucial que profissionais liberais, líderes públicos, diretores de empresas, representantes de organizações sociais e tantos outros aprendam a negociar e a construir relacionamentos construtivos duradouros (Attali, 2014). Esse pensamento converge com o que propõe a Teoria dos Jogos, do prêmio Nobel John Nash. Ela demonstra, matematicamente[31], que uma negociação de satisfação mútua traz margens maiores para as duas partes do que uma negociação ganha-perde, que tende a ser insustentável[32]. Isso é desdramatizar a noção de ganha-ganha: preferimos uma satisfação mútua ou ganhos mútuos comigo tendo 10 milhões e você 11 milhões do que eu ganhar de você ficando com um milhão e você com zero, numa negociação lícita. Para quebrar o nosso conflito de interesses, devemos ter a sabedoria de ampliar nossa racionalidade, anestesiar nossa inveja e desenvolver relações mais saudáveis, visando a benefícios mútuos, como Lawrence Susskind ensina no livro *Good for You, Great for Me* e em seu livro com Robert Mnookin *Beyond Winning* (*Mais que Vencer*). Isso nos leva a concluir que é possível que os líderes públicos façam políticas sustentáveis, gerenciem de forma lícita e moral os interesses privados e o bem comum, pensem na ética planetária e na geração futura e, ainda assim, sejam uma fonte de criação de valor.

Nesse processo de aprendizado das melhores práticas da *newgotiation*, a linguagem corporal é importante: de acordo com Amy Cuddy, 70% dos votos no Senado americano são decididos em 3 segundos — suficientes para denunciar a postura do proponente. A autora também constata que a gentileza, a empatia, a linguagem corporal e as palavras utilizadas por uma pessoa decidirão o curso de seu relacionamento

---

31 SILVA, Antônio R. Teoria dos Jogos e da Cooperação para Filósofos. Disponível em: <https://forumdediscursus.files.wordpress.com/2014/05/tjcf2v1.pdf>. Acesso em: 04 jul. 2018.

32 SATELL, Greg. *A Guide to Game Theory and Negotiations*. Disponível em: <http://www.digitaltonto.com/2009/game-theory-guide-to-negotiations/>. Acesso em: 04 jul. 2018.

com o outro. Basta imaginar que a atitude de um médico com seu paciente, quando este vem com um feedback negativo de seu trabalho, decidirá se ele será processado em tribunal ou se o mal-estar será resolvido de forma não litigante. Se uma reivindicação judicial como essa custa em média US$1 milhão nos Estados Unidos, imagine o custo do médico de um hospital público ou do departamento jurídico de um hospital privado se cada paciente que vier com uma queixa decidir processá-lo! Conciliar modos de falar, de pensar no outro e de tratar o outro pode assegurar a compatibilidade de sua reputação, de seu capital social e financeiro, com altruísmo interesseiro.

Posturas dizem muita coisa. Ao perguntar a mais de dois mil estudantes em todo o mundo: "Se um ET chegasse à Terra e precisássemos apresentar a ele os cinco melhores embaixadores da humanidade de todos os tempos, quem seriam eles?", obtemos em mais de 95% das respostas, Mandela, Gandhi, Madre Teresa, Jesus e Martin Luther King, em primeiro lugar. Quando a norma padrão de cultura ou a lei dizia que o Apartheid ou o Colonialismo era algo normal, esses "embaixadores" pensavam a longo prazo e faziam um presente, um sacrifício, uma concessão para o bem comum e as gerações futuras (Dupuy, 1989).

As técnicas de negociação desenvolvidas no livro *Newgotiation* visam dispor um ferramental de aplicação clara para evitar ou eliminar a ocorrência de conflitos de interesses nos ambientes hipercomplexos das negociações complexas. A teoria dos sete elementos mantida na velha escola de negociação de Harvard[33] não incluiu fatores fundamentais como a lacuna explicativa permitida no âmbito da lei, e também não considerou elementos limitadores de tempo — o tempo é um fator importante, que regula a ocorrência de confrontos durante uma negociação. Fatores limitadores de tempo, aliás, não foram

---

33 Conforme apresentada por: Ury, WILLIAN L.; Fischer, ROGER; Patton, BRUCE. *Como Chegar ao Sim: A negociação de acordos sem concessões*. 3ª ed. Rio de Janeiro: Solomon Editores, 2014.

incorporados nas técnicas das escolas de elite tradicionais, *mainstreaming* em todo o mundo.

Como resultado, a ciência da negociação engloba o ambiente em que os elementos existem, os poderes de investigação do negociador, bem como o nível de sua inteligência, e todos esses dependem das habilidades analíticas daquele no que diz respeito a aspectos culturais, econômicos e históricos ou de fundo geográfico. O inovador '4–10' que proponho no livro para a moderna ciência da negociação define o processo de negociação em quatro etapas contínuas: preparação — criação de valor — distribuição de valor — implementação, ao longo dos quais os dez elementos-chave da teoria da negociação são incluídos em cada etapa.

A *newgotiation* engloba essa proposta de que desde articulações interorganizacionais até movimentos ativistas em busca de reequilibrar as assimetrias de poder não se mantenham no amadorismo, mas que se profissionalizem, conheçam as táticas de poder, os processos cognitivos e todos os elementos componentes de uma negociação, de forma ética e com elegância moral, sempre em busca de maximizar o bem pessoal e o bem do outro, buscando a satisfação mútua. As técnicas de negociação são, portanto, um instrumento de resolução desses conflitos de interesses.

A governança colaborativa

Até aqui, temos mostrado que os conflitos de interesses se manifestam num ambiente de muita complexidade — a que chamamos de hipercomplexidade. É um problema generalizado e contemporâneo que começa nas relações cotidianas e se manifesta até os mais altos graus de corrupção em países como a França, o Brasil, os Estados Unidos, que usamos para nossas ilustrações. O paradigma relacional da gestão pública, privado-pública e privada é o da hipercomplexidade das negociações complexas, das quais trato em meus livros *Newgotiation* e *Newgotiation for Public Leaders* — este último, escrito com Frank Zerunyan. Mesmo reconhecendo, entretanto, que a negociação seja um instrumento bastante eficaz para facilitar acordos sem litígios ou para evitar a ocorrência de conflitos de interesses, não se pode prescindir da norma como elemento viabilizador do contrato social. A regulação governamental é fator crítico de sucesso e aliado indispensável da evolução tecnológica e do exercício da ética, do civismo e da elegância cidadã, e isso deve ser alcançado com o fortalecimento das sociedades, para que se tornem mais educadas e empoderadas, simetricamente mais poderosas e intervenientes em processos antes controlados apenas pelos grandes poderes econômicos — assumindo o sentido apregoado por Moisés Naím frente às perspectivas de Robert Reich. Se adicionarmos as contribuições de Frank Zerunyan[34], atingimos a percepção global de que a regulação deve se tratar apenas do que ele aponta como "moral mínima" de conduta de um profissional ou de uma empresa/instituição, cujo comportamento deve transcender da mera obediência de normas para uma busca pelo que é correto e apropriado entregar para aqueles a quem assiste — sejam serviços particulares ou serviços públicos.

Os aspectos regulatórios se apresentam com dois eixos de condução ou como dois lados de uma moeda: trazem o lado punitivo e o do incentivo. O lado punitivo vem como dissuasão, como tentativa de desincentivo à prática lesiva, infracional ou criminosa. O lado do incentivo vem como promotor ou facilitador das boas práticas desejadas pelo governo, quando se tratam de normas suprainstitucionais (leis, decretos, resoluções), emitidas pelos poderes e órgãos reguladores; e da empresa, quando se tratam de normas infrainstitucionais (códigos

---

34 ZERUNYAN, FRANK. Technical Inovations (Chapter). *The Role of Ethical Standards, Law and Regulation in the Public Interest*. 2016. No prelo.

160 Conflito de Interesses e Serum Anticorrupção

de ética, manuais, decisões, portarias, instruções normativas), emitidos para compliance interno à empresa ou à instituição pública.

Vamos recorrer a algumas ilustrações para melhor entender a aplicação dos mecanismos de dissuasão e de incentivo externo à empresa: a aplicação da lei correta e a tempo visam dissuadir a empresa de exercer sua ganância ao erguer uma barragem sem qualidade ou fazer uma sonda no Golfo do México por um preço inconsistente e com o risco de explodir; já o incentivo legal funciona na forma de incentivos creditícios, tributários, financeiros e mercadológicos, a exemplo dos mercados criados ou induzidos por normas que promovem a adesão ao comportamento desejado, como os mercados ambientais de carbono, de água e de proteção das florestas e da biodiversidade. Destes últimos, podemos mencionar o Mercado de Quioto, que foi compulsório na Europa e voluntário em países como o Brasil (MDL), ou o Produtores de Água, que teve início no estado de Minas Gerais e depois foi incentivado pela Agência Nacional de Águas, a ANA —tomando cuidado para diferenciá-los de farsas, como a do Tesouro Verde[35], pseudomercado ambiental regado a Esquema Ponzi que quase foi instituído no estado de Goiás.

Por meio da regulação governamental, o governo se torna o garantidor de uma relação de poder simétrica, equilibrada, entre mercado e cidadão, mercado e sociedade.

---

35 TEÓFILO, SARA. *Tesouro Verde: Licença ambiental provoca incertezas.* Disponível em: https://www.opopular.com.br/noticias/cidades/tesouro-verde-licen%C3%A7a-ambiental-provoca-incertezas-1.1417368. Acesso em: 24 de mai. 2019.

Figura 7. O guarda-chuva da governança colaborativa, mantido por um governo regulador, que protege o cidadão e o mercado (adaptado de Duzert & Zerunyan, 2019).

O controle externo, portanto, serve para que os organismos privados e as instituições públicas se ajustem a padrões de comportamento e relacionamento estabelecidos na forma de lei e demais normas regulamentares, as quais são emitidas pelos poderes Legislativo e Executivo, pelos conselhos setoriais e pelas agências reguladoras, dentre outros órgãos de estatais de controle, incluídas as decisões do Judiciário. Embora hoje, no Brasil, vejamos uma crise ética e moral de manifestação sem precedentes nos três poderes — Legislativo, Executivo e Judiciário —, que inclui também as disputas entre eles, observamos também que um grande teste se realiza quanto à efetividade das regras vigentes e a legitimidade da representação da vontade popular. A independência de cada um dos poderes tem sido posta na balança e, frequentemente, achada em falta. Enquanto a deontologia dos políticos parece desaparecer massivamente entre os representantes do Legislativo e do Executivo, a deontologia do Judiciário oscila e se expõe entre suas várias instâncias, como vimos nos capítulos introdutórios.

162 Conflito de Interesses e Serum Anticorrupção

Como uma democracia recente, à qual se acrescenta o também recente processo de maturação organizacional das instituições públicas federais, vemos surgir progressivamente um nível de especialização técnica e de gestão que torna os serviços públicos mais amplamente acessíveis, transparentes e eficientes, mesmo que ainda haja um caminho a percorrer. Os modelos de administração pública descentralizada baseados em meritocracia, gestão por resultados e transparência, que se instituíram a partir dos anos 90 no Brasil, favoreceram o desenvolvimento e a especialização das atividades setoriais de cada pasta, bem como a normatização específica e especializada conjugada com altas habilidades de gestão. Esses elementos se aliaram ao grande desenvolvimento tecnológico do mesmo período (notadamente com o advento da internet e o das ciências e tecnologias da informação e comunicação), de modo que o controle das atividades privadas e públicas pelos órgãos de controle no Brasil tem se fortalecido visivelmente e se tornado modelo para outros países, especialmente os do Hemisfério Sul — podemos citar o exemplo da Anvisa, que tem realizado convênios para transferência de tecnologia sul-sul com países sul-americanos, como a Argentina, a Venezuela e o Paraguai, e com países africanos, como Moçambique e Cabo Verde.

O setor energético no Brasil também é o mais regulado do mundo, com regras claras para o desenvolvimento da política energética brasileira (sem discutir o mérito das regras). Embora isso não caracterize ausência de conflitos de interesses na condução desses setores, isso mesmo nos faz entender que é necessário continuar fortalecendo as agências reguladoras no Brasil, como agentes garantidores da transparência e da adequada prestação de serviços ao cidadão e à coletividade em assuntos essenciais como energia, telecomunicações, água, meio ambiente, mineração, vigilância sanitária e epidemiológica, transportes nos seus diversos modais, saúde suplementar, economia e finanças e direitos do consumidor.

No nível interno das instituições, quer privadas quer públicas, o estabelecimento de regras claras de conduta ética e moral deve ser pactuado em documentos para esse fim, de modo que estejam ao alcance da consulta e esclareçam quanto ao trato de eventuais situações de conflitos de interesses constatadas no exercício das funções organizacionais e na condução dos negócios empresariais. As regras devem deixar claros não apenas os valores organizacionais, mas também as penalidades previstas para a infração desses valores por qualquer integrante da corporação. Toda carta de valores deve incluir os incentivos subjetivos (éticos e morais) e de controle externo (punitivos ou disciplinares) para estimular a decisão pela ética ou desestimular a infração por meio do altruísmo interesseiro.

A relação entre governo, iniciativa privada e cidadão, resguardada por um compromisso baseado em normas objetivas e na ética institucional e pessoal, assegura que a governança colaborativa seja a manifestação de uma cooperação ativa dos entes que colaboram.

As novas tecnologias e o papel da transparência

Para o ex-presidente da Organização Mundial do Comércio (OMC), Pascal Lamy, estamos na Era da Transparência. Como descreve em seu livro *Quand la France s'éveillera*[36], após sua saída da OMC, ele percebeu que seria mais útil não no governo francês ou na Comissão Europeia, mas na *Transparência Internacional*, porque a transparência seria um mecanismo inevitável de controle social para transição de uma era de ocultação para a de exposição e gestão de situações de conflitos de interesses que afetam o bem-estar da humanidade. De agora em diante, vai se tornar cada vez mais difícil de enganar, sonegar e esconder com as novas tecnologias. A transparência parece ser um caminho certeiro.

36 LAMY, PASCAL. *Quand la France s'éveillera*. Paris: Éditions Odile Jacob, 2014.

164 Conflito de Interesses e Serum Anticorrupção

A Era da Transparência está diretamente associada à Terceira Revolução Industrial e à economia positiva, como resultado das inovações tecnológicas que elas trazem. Em seu livro *Sociedade com Custo Marginal Zero*, Jeremy Rifkin faz um retrato do que seria o capitalismo enquanto regime imperativo, o qual estaria sendo substituído, progressivamente, por uma sociedade de bens comuns colaborativos, na qual o indivíduo não se preocupa em ter, apenas em usufruir. Essa estrutura social já começa a ser realidade em vários países e em diversas dimensões, como exemplificamos anteriormente a respeito das plataformas colaborativas do Skype, da Uber, do Airbnb e de outras proporcionadas pelos avanços tecnológicos recentes, desdobrados, por sua vez, da ascensão e da democratização da internet. A chamada internet das coisas (IdC) seria realizada por meio da construção de um *Big Data*, um gigante e sempre crescente banco de dados integrado que permitiria aos indivíduos ter acesso a um custo cada vez menor à comunicação, aos transportes e à energia, gerando uma economia positiva e distributiva, amplamente inclusiva e cada vez menos dependente das costumeiras e então obsoletas estruturas tradicionalmente capitalistas. Tecnologias como o *blockchain* facilitarão as transações financeiras em um meio eletrônico interconectado, transparente e rastreável, onde operações de compra e venda e transferências bancárias estarão acessíveis à visualização dos órgãos de controle e com alta resistência a fraudes. Os fluxos de dinheiro serão controlados unindo a publicidade das transações com a privacidade dos dados dos contratados, e aí se começa a fazer uma sociedade de longo prazo.

As tecnologias digitais e de rede vão permitir aumentar a transparência do setor público e das empresas, e as redes sociais são elementos de micropoderes que vão gerar cada vez mais repercussões não só para fazer rumores, mas também para divulgar prestações de contas públicas das despesas de governo e discutir balancetes públicos de empresas. Você e eu, cidadãos, já podemos ver a campanha dos candidatos a qualquer cargo do Executivo ou do Legislativo no computador ou no celular, bem como os julgamentos ao vivo (ou as decisões por julgamentos fechados) do TRF ou do STF. Num outro momento, um aposentado olha de casa se está ocorrendo um assalto na rua do bairro com imagens de uma câmera digital e age como voluntário para difundir essa informação ou apoiar o sistema de segurança local, tendo a transparência como um indutor do ativismo, do voluntarismo, num misto de acesso amplo e de baixo custo à tecnologia e novas formas de educação e inclusão digital.

A transparência, associada à era digital, introduz métricas de reputação do mercado como uma forma de incentivo e punição oriunda do controle social. Hoje há métricas como as que encontramos nas páginas de avaliação de produtos, serviços e profissionais na internet, ou mesmo os comentários nas redes sociais, menos estruturadas para esse fim. A "sociedade da internet" pode medir, por exemplo, a qualidade do médico — sobre 100 apendicites, quantas foram de bom resultado, ou quantos processos ele teve. Pode, também, desmentir a Black Friday brasileira, quanto às empresas que fingem baixar seus preços ou anunciam que os baixaram sem tê-lo feito. Permite enxergar se uma mesma pessoa é presidente de três empresas diferentes que realizam o mesmo negócio para fraudar processos licitatórios. A "irreputação" tende a emancipar o cidadão e a punir o ator que não está sendo justo com seus clientes, acionistas, trabalhadores e assim por diante. O mercado, portanto, pode ter um tipo de reputação menos técnica e mais baseada no controle social.

Moisés Naím caracteriza o perfil das novas comunidades digitalmente conectadas como o de um *indivíduo arlequino*, isto é, alguém que tem *várias cores*, que tem um jeito múltiplo de ser, e que, por isso, cria afinidades eletivas, como carinho e amizade, com vários indivíduos diferentes, independentemente do território ou de qualquer outra diferença de origem ou ambiente. Nós assistimos hoje a essa redefinição da conexão entre as pessoas em nível mais global, um campo em que a economia do conhecimento surge para mudar todo o jogo e tornar velhas posturas como obsoletas. Jeremy Heimans e Henry Timms chamam esses micropoderes revolucionários de um novo contrapoder[37], capaz de gerar mobilizações inovadoras sobre plataformas digitais, como o movimento MeToo e organizações como TED e LEGO, de amplos efeitos na formação de opinião.

Ainda sob a perspectiva da revolução tecnológica da informação e das comunicações, podemos citar a visão estratégica da Coreia (do Sul), que investiu na criação do Ministério do Conhecimento, que é transdisciplinar e que busca alinhar os Ministérios da Inovação, da Tecnologia e da Educação. O país percebeu que a educação e a inovação vêm da *conexão*, do encontro com o outro, e, sobretudo, da capacidade de doar — doar o conhecimento, de fazer *broadcasting*, de distribuir o conhecimento de forma mais maciça, mais rápida – e é isso que evita justamente o conflito de interesses dos objetos: se eu perco esse objeto para você e ele deixa de ser exclusivamente meu, estou traduzindo uma noção de *sacrifício*. Numa economia onde há bondade na transmissão de conhecimento e na realização voluntária de um serviço, é muito mais fácil ter o serviço como um prazer e não como uma perda de capital ou de objeto — isso aparta a noção de lucro e traz uma mudança de perspectiva, positiva, para a noção de compatibilidade entre o bem comum e o bem pessoal.

A economia positiva

A transparência e a noção de sacrifício, de pensar no outro e em todos visando o bem comum, é a noção subjacente ao conceito de economia positiva, na forma em que foi postulado por Jacques Attali, em

---

37 HEIMANS, Jeremy & TIMMS, Henry. *Nouveau (contre) pouvoir : Convaincre, mobiliser et réussir dans notre monde hyperconnecté.* Paris : Plons, 2019.

seu livro *Pour Une Économie Positive*[38]. Segundo o autor, a economia positiva[39] é um novo modelo econômico onde as riquezas criadas não são um fim em si, mas um meio para servir a valores superiores, altruístas. É uma economia a serviço das gerações que estão por vir e que favorece uma crescente responsabilidade, durável e inclusiva, que respeita o meio ambiente e que será, enfim e antes de tudo, a serviço da sociedade. Por meio dela, a relação consumidor–empresa será mais transparente e respeitosa, sustentada por confiança legítima e não enganosa, em que situações escandalosas, como o uso de agrotóxicos em carga e composições nocivas à saúde humana ou o uso de sementes transgênicas, darão lugar a processos produtivos mais saudáveis, sem que isso implique diminuir o acesso da população a alimentos, de forma que segurança alimentar e nutricional serão uma combinação de quantidade e qualidade tanto alimentar como nutricional e de saúde de curto a longo prazo.

Como não se trata de uma relação de mão única, a economia positiva também inclui uma percepção da empresa, formada de indivíduos conscientes, de que a margem de longo prazo também é satisfatória, se ela não dá lugar a uma margem de curto prazo que prejudica o consumidor que, antes de tudo, é um cidadão ou está em desenvolvimento para se tornar um. A economia positiva pressupõe o despertar do cidadão não apenas como consumidor consciente, mas como indivíduo que percebe a necessidade de se mover e melhor agir, articuladamente, buscando canais de diálogo que criem uma relação de confiança entre o cidadão consumidor, as empresas e, também, o governo, e também propõe o despertar do cidadão em seu papel de empresário e representante da empresa, para que os conflitos de interesses entre lucro imediato e a honestidade e transparência de seu

---

38 ATTALI, Jacques. *Pour Une Économie Positive*. Paris: Fayard/La Documentation Française, 2013.

39 Desambiguá-la do termo clássico de economia positiva como ramo da economia que se preocupa com a descrição e explicação dos fenômenos econômicos.

negócio sejam dirimidos num acordo pelo bem comum que favoreça a ambos.

Nós podemos apostar que as tecnologias limpas vão substituir as indústrias fósseis, custosas; ou nucleares, muito custosas, que precisam de investimento de longo prazo. Geração distribuída de energia e pequenas redes de transmissão e de distribuição interconectadas diluirão riscos de abastecimento energético, especialmente em comunidades esparsas ou isoladas e áreas sujeitas à instabilidade política e litígios bélicos. E essa transição energética aliada à transparência e à conexão pela internet das coisas permitirá a democratização do acesso a serviços básicos de educação, saúde e transporte, já que o custo de manutenção (marginal) chegará a valores pouco representativos. Como explica Jeremy Rifkin[40], as novas tecnologias reduzirão o custo da educação. O professor dará aulas predominantemente à distância — e por que pagar 60 mil dólares numa formação que você vai ter por meio de vídeos, com acesso livre, disponível para várias turmas em lugares e horários diferentes, sem gastar gasolina ou emitir CO_2 para lecionar na cidade vizinha ou em outro estado? Isso é uma redução tão vertiginosa nos custos da educação quanto vertiginoso é o crescimento do acesso à educação a distância! Calcula-se que nos próximos 15 anos haverá 460 milhões de novos alunos de graduação e pós-graduação no mundo — e o ensino à distância chega em boa hora, porque não haverá "garganta" para satisfazer essa demanda de maneira presencial nem formação de doutores o suficiente para lecionar em tantos lugares e tempos simultaneamente!

A saúde tende a ser bastante beneficiada com a tecnologia. Chegaremos a um tempo em que será possível obter um diagnóstico em um segundo com um aplicativo de celular, ou em que um robô faça uma cirurgia de apendicite sem precisar de um cirurgião e de custo trabalhista acrescentado — assistimos hoje a uma automatização crescente

---

40 RIFKIN, JEREMY. *Sociedade com Custo Marginal Zero*. São Paulo: M. Books, 2015.

Passos para um comportamento ético anticorrupção **169**

para esses tipos de solução. A indústria da energia solar vai crescer de forma exponencial e tornar completamente inviável comprar energia de outro jeito — será mais fácil ter energia do Sol em sua casa, seu carro e seu computador. O custo marginal zero dessa energia favorecerá rapidamente investimentos para a otimização do rendimento energético e de outras formas de valor para se entrar em jogo no mercado energético atual remanescente da Segunda Revolução industrial. Isso é o que Jeremy Rifkin chama de *eclipse do capitalismo*.

A tecnologia permitiu a inovação das plataformas colaborativas — e do novo perfil de empresa da Terceira Revolução Industrial, como funciona a Uber: a empresa não tem carros, mas tem uma plataforma que atende ao cliente com o serviço de transporte individual. O Skype ou o WhatsApp não têm infraestrutura: têm uma plataforma de comunicação via web! A Netflix não tem cinema, não tem ator, não tem estúdio — tem uma plataforma web. O Airbnb não tem hotel, tem uma plataforma web. Novas plataformas colaborativas já permitem compartilhar os objetos e levar sua aquisição a um custo marginal zero para quem compartilhar. Que interessante como o pensamento do acesso ao consumo, do acesso a uma economia mais colaborativa, com governança colaborativa, com transparência acrescentada, pode contribuir para resolução da corrupção também de uma perspectiva estratégica. Quem sabe as campanhas eleitorais também vão se tornar de custo marginal zero?

Hoje o Google disponibiliza plataformas que podem muito influir na decisão de escolha de um ou de outro candidato a presidente — pelas redes sociais ele pode organizar a influência. Está se tornando cada vez mais ineficaz o uso de painéis nas ruas de 41, 43, 50 mil reais com a propaganda do candidato — será um volume absurdo de gasto poupado! Se hoje temos mecanismos quase gratuitos (ao custo apenas de um plano de dados) para disponibilizar o discurso de um candidato em muitas mídias digitais de acesso livre, talvez o custo não seja

170 Conflito de Interesses e Serum Anticorrupção

mais de 1 bilhão de reais ou dólares para uma campanha eleitoral — não valerá mais a pena fazer publicidade na CNN nem no New York Times ou nas revistas de grande circulação. Será por meio de anúncio em comunidades de redes sociais — e, talvez, chegando perto de um custo marginal zero; os lobistas terão que deixar o Estado fazer o trabalho de Estado, o mercado fazer seu trabalho de mercado e surgirá uma governança colaborativa entre o cidadão, o setor público e a empresa sob o guarda-chuva do Estado, como mostramos anteriormente (Figura 7).

Temos que trabalhar uma conscientização no nível do indivíduo — eu como trabalhador, CEO, cidadão, cliente, pai de família, investidor. Como cada um de nós tem sua própria incoerência, precisamos conscientizar-nos e desenvolver uma compreensão dessa complexidade — ou hipercomplexidade —, a fim de sermos mais do que um técnico em logística, um profissional de marketing, ou qual for a profissão de cada um. Você e eu já nos tornamos cidadãos, você e eu já pensamos a economia positiva, que é um pensamento para o longo prazo, que faz de mim e de você cidadãos alertas para o mundo à nossa volta. Nós podemos nos educar

Trata-se de uma conscientização complexa. O mesmo Robert Reich que escreveu *Supercapitalismo*, publicou recentemente um novo livro cujo título é *Saving Capitalism: For the Many, Not the Few*[41], em que propõe que salvar o capitalismo não o é para o 1% dos economicamente ricos, mas para todos, ou para os muitos. O neoliberalismo atual cria violência — cria dificuldade, privação, neocolonialismo numa certa medida — e eis outra questão-chave: a dos desafios nacionais em prol da competitividade das empresas e do pensamento da durabilidade das empresas. Como vimos com Jeremy Rifkin, o capitalismo está em seu eclipse numa sociedade que tende a um custo

---

41 REICH, ROBERT. *Saving Capitalism: For the Many, Not the Few.* Nova York: Knopf Publishing Group, 2016.

marginal próximo de zero. Quando Jacques Attali fala sobre a economia positiva como forma de pensamento em longo prazo, ele fala de construir confiança, responsabilidade, altruísmo interesseiro. Uma pesquisa da Harvard Business Review de maio de 2017 indica que as empresas com maiores margens são as que pensam a longo prazo — seus ganhos trimestrais, comparados a empresas que usam as velhas regras, são muito maiores, e são alcançados enquanto ela desenvolve o equilíbrio entre juros de consumidor, remuneração do trabalhador, conformidade com as leis e o governo e acionistas que não especulam 30 segundos. Notemos que se trata de uma corresponsabilidade, de construir (Lempereur, Colson & Duzert, 2009).

Conclusão

Comece com "Por quê?"

Os candidatos Biden e Trump falaram de conflito de interesses durante o debate presidencial da eleição estadunidense de 2020. A coerência e elegância moral dos candidatos foram questionadas e, no futuro, seus objetivos quanto a sustentabilidade, poderão continuar sendo postos à prova pela Agenda ONU 2030. É curioso observar que, até aqui, uma grande quantidade de informações históricas, científicas, econômicas, políticas, filosóficas, comportamentais e de tantas outras esferas de conhecimento chegaram até nós por meio do eixo temático do conflito de interesses — e, em torno dele organizadas, podem nos conduzir racionalmente pela mão a qualquer lugar. Em outras palavras, com tantos exemplos dentro de um aspecto negativo do comportamento humano individual que se reflete na vida humana coletiva, é possível que qualquer um de nós escolha por aplicar ou replicar o mau caminho, ou que decida por mudar a grande tendência que temos observado em nossa sociedade de replicá-lo. Quem quiser montar um negócio e fazê-lo crescer desonestamente tem aqui algumas receitas de *pseudossucesso* — porque não é possível imaginar que um ambiente social de iniquidade, oposto ao da equidade, seja um resultado que traduza sucesso de um empreendimento pessoal ou empresarial.

174 Conflito de Interesses e Serum Anticorrupção

Se você ainda ficou em dúvida sobre qual caminho seguir ou se tende a apreciar o caminho da iniquidade, gostaria de lançar-lhe a grande pergunta: por quê?

Caso você tenha se sentido exposto ao perceber que esses conflitos existem em cada um de nós enquanto indivíduos — e que as empresas são a expressão das pessoas que as compõem, especialmente de sua liderança —, se você sente que deve mudar de atitude ou, no mínimo, refletir mais sobre si mesmo, buscar se autoconhecer ou refletir sobre a maneira como conduz seu negócio, relacionamentos, empresa ou instituição — se percebeu que não pode continuar como está, pergunte-se: por quê?

Let's start with why — Ou, *vamos começar com por quê*, como nos ensina Simon Sinek[1], que significa começar com por quê? Significa checar a motivação, o motor das atitudes; e essa motivação nos leva diretamente a sondar, reconhecer e avaliar nossos valores, e qual ou quais nossos objetivos ao tomar determinadas decisões.

Checar nossos objetivos a partir de nossos valores é o primeiro passo para reavaliá-los em busca de uma mudança. Precisamos nos perguntar por que assumir ou permanecer em determinada escolha. Nenhuma mudança pode começar apenas com a necessidade objetiva, exterior, de mudar um status quo. Ela precisa começar subjetivamente, interiormente, para que se sustente. Ela precisa surgir de um sentimento de que a iniquidade não é boa, mesmo que resulte em situações favoráveis individualmente a mim ou a você. Se dentro de você e de mim não for gerada uma reflexão a partir da qual nasça um sentimento de mudança necessária, nós apenas teremos escrito e você apenas terá lido mais um livro interessante que não acrescentou mais do que conhecimento e assunto a uma roda de bate-papo de fim de semana.

---

1   SINEK, Simon. Palestra proferida no TED Talks, Monterey (Califórnia), Sep. 2009. YouTube. Disponível em: <https://www.ted.com/talks/simon_sinek_how_great_leaders_inspire_action>. Acesso em 01 jul. 2018.

Quando falamos de tecnologia, da psicobiologia, da filosofia, da educação, da reflexão ou conscientização, da matemática da Teoria dos Jogos e do valor superior da negociação ganha-ganha, da institucionalização e da gestão com *newgotiation* e da economia positiva como remédios ao conflito de interesses, falamos de conciliar e de prevenir esse risco, que gera corrupção e que deprava as instituições, e falamos também sobre o que seria, em resumo, a noção que nos apresenta Montesquieu — a de que há duas formas de corromper: do povo não seguir as leis e do povo seguir as leis quando as leis são obsoletas ou arcaicas, como foi o caso do Apartheid, dentre outros. Trouxemos noções de Antropologia: falamos de interesse, de percepção e de racionalidade limitada — que geram uma irracionalidade, uma incapacidade de enxergar a possibilidade de 10 a 10 — e, junto a esses, acrescentamos o tripé da *newgotiation*: interesse, percepção/cognição e identidade.

Essas são algumas reflexões que devem nos fazer rever nossos valores, posições, atitudes e objetivos pessoais e coletivos diante do mundo que desejamos construir, legar e no qual almejamos viver. E, diante dessas reflexões, devemos manter uma razoabilidade de esperança, como Madre Teresa falava em seu ambiente complexo de Calcutá: "É preciso manter uma disciplina de otimismo".

REFERÊNCIAS BIBLIOGRÁFICAS

Agência Estado. *Gilmar Mendes pede providências após Kajuru acusá-lo de vender sentenças.* Disponível em: <https://www.correio-braziliense.com.br/app/noticia/politica/2019/03/20/interna_politica,744043/gilmar-mendes-pede-providencias-apos-kajuru-acusar--de-vender-sentencas.shtml>. Acesso em: 28 de abr. 2019.

Agência Estado. *Lava Jato investiga 13 bancos por crime de lavagem junto com grupo Schahin.* Disponível em: <https://www.correio-braziliense.com.br/app/noticia/politica/2016/01/11/interna_politica,513516/lava-jato-investiga-13-bancos-por-crime-de-lavagem-junto-com-grupo-sch.shtml>. Acesso em: 28 abr. 2019.

Agência France Press. *Maduro anuncia investimentos da Rússia na Venezuela da ordem de US\$6,6 bilhões.* Disponível em: <https://www.em.com.br/app/noticia/internacional/2018/12/06/interna_internacional,1011090/maduro-anuncia-investimentos-da-russia-na-venezuela-da-ordem-de-us-6.shtml>. Acesso em: 29 de abr. 2019.

Agência France Press. *Saiba mais sobre o caso Carlos Ghosn.* Disponível em: <https://www.em.com.br/app/noticia/internacional/2018/11/22/interna_internacional,1007385/saiba-mais-sobre-o--caso-carlos-ghosn.shtml>. Acesso em: 18 fev.2019.

AMCHAM BRASIL. *Energia solar cresce 407% em um ano no Brasil impulsionada por painéis em residências.* Disponível em: <https://

economia.estadao.com.br/blogs/ecoando/energia-solar-cresce--407-em-um-ano-no-brasil-impulsionada-por-paineis-em-residencias/>. Acesso em: 1º de mai. 2019.

AMORA, Dimmi. *Financiamento do BNDES às obras no exterior é maior do que o feito no país.* Disponível em: <https://www1.folha.uol.com.br/mercado/2016/06/1777284-financiamento-do-bndes-as-obras-no-exterior-e-maior-do-que-o-feito-no-pais.shtml>. Acesso em: 02 de mai. 2019.

ARDUINO JR, Peter; GOULD, James L. Is tonic immobility adaptive? Animal Behavior. 1984 Aug; 32(3): *921–923.* Disponível em: <https://www.sciencedirect.com/science/article/pii/S0003347284801736>. Acesso em: 03 de jul. 2018.

ARONSON, Elliot. The rationalizing animal. *Psychology Today, 6(12), 46.* 1973.

ASCH, Solomon Studies of independence and conformity: I. A minority of one against a unanimous majority. *Psychological monographs: General and applied, 70(9), 1.* 1956.

ASSEMBLÉE NATIONALE FRANÇAISE. *Rapport d'Information nº 611, de l'Assemblée Nationale, sur la déontologie des fonctionnaires et l'encadrement des conflits d'intérêts (le 31 janvier 2018).* Disponível em: <http://www.assemblee-nationale.fr/15/rap-info/i0611.asp>. Acesso em: 03 de jul. 2018.

ASSIS, Mariana P. *Brazil's racialised sperm economy.* Disponível em: <https://www.aljazeera.com/indepth/opinion/brazil-racialised-sperm-economy-180426093908976.html>. Acesso em: 03 de jul. 2018.

Assis, Vinícius. *Quem julga o juiz?* Disponível em: <https://apublica.org/2016/09/quem-julga-o-juiz/>. Acesso em: 06 de mai. 2018.

ASSOCIAÇÃO BRASILEIRA DOS MEMBROS DO MINISTÉRIO PÚBLICO AMBIENTAL — ABRAMPA. *Carta de Curitiba do Ministério Público Ambiental.* Disponível em: <https://abrampa.org.br/abrampa/site/index.php?ct=conteudoEsq&id=727>. Acesso em: 28 abr. 2019.

ATTALI, Jacques. *Pour Une Économie Positive.* Paris: Fayard/La Documentation Française, 2013.

AVENDAÑO, Tom C. *Elite brasileira que importa sêmen prefere doadores brancos de olhos azuis.* Disponível em: <https://brasil.elpais.com/brasil/2018/03/31/politica/1522449726_364534.html>. Acesso em: 04 jul. 2018.

AZEVEDO, Alessandra. *Sem a proposta para militares, reforma da Previdência não anda no Congresso.* Disponível em: <https://www.correiobraziliense.com.br/app/noticia/politica/2019/02/26/interna_politica,739756/sem-a-proposta-para-militares-previdencia-nao-anda-no-congresso.shtml>. Acesso em: 2 de mai.2019.

BAZERMAN, Max & MOORE, Don. *Processo Decisório.* Rio de Janeiro: Elsevier, 2010.

BBC News. *Venezuela terá empréstimo russo de US$2,2 bi para armas, diz Chávez.* Disponível em: <https://www.bbc.com/portuguese/noticias/2009/09/090914_venezuela_russia_dg>. Acesso em: 29 de abr. 2019.

BERCELLI, David. *Neurogenic tremors in the TRE process.* Disponível em: https://www.youtube.com/watch?v=9NePsUkModA>. Acesso em: 03 de jul. 2018.

180   Conflito de Interesses e Serum Anticorrupção

BÍBLIA. *Sobre a prática da palavra de Deus.* Tradução de João Ferreira Almeida. Barueri: Sociedade Bíblica do Brasil, 2009. Velho Testamento e Novo Testamento.

BLAMTON, Hart; Jaccard, James. *Unconscious Racism: A Concept in Pursuit of a Measure.* Annual Review of Sociology, 2008. 34:277-279. Disponível em: <http://www.rci.rutgers.edu/~waltonj/404_rr/unconscious%20racism.pdf>. Acesso em: 03 de jul. 2018.

BOLDRINI, Angela. *Câmara cria nova CPI para investigar irregularidades no BNDES.* Disponível em: < https://www1.folha.uol.com.br/mercado/2019/02/camara-cria-nova-cpi-para-investigar-irregularidades-no-bndes.shtml>. Acesso em: 02 de mai. 2019.

BORGES, Fernanda. *TRF mantém pena para réus no caso Avestruz Master e nega indenizações.* Disponível em: <http://g1.globo.com/goias/noticia/2013/10/trf-mantem-pena-para-reus-do-caso-avestruz-master-e-nega-indenizacoes.html>. Acesso em: 1º de mai.2019.

BRASIL. *Lei Federal 12.813, de 16 de maio de 2013.* Disponível em: <http://www.planalto.gov.br/ccivil_03/_ato2011-2014/2013/lei/l12813.htm>. Acesso em: 03 de jul. 2018.

BRÍGIDO, Carolina. *Gilmar Mendes libera, pela terceira vez, empresários de ônibus do Rio.* Disponível em: <https://oglobo.globo.com/brasil/gilmar-mendes-liberta-pela-terceira-vez-empresarios-de-onibus-do-rio-1-22139644>. Acesso em: 28 de abr. 2019.

BRINCO, Henrique. Cresce mobilização contra Eugênio Spengler na Secretaria de Meio Ambiente. Disponível em: <https://www.bnews.com.br/noticias/politica/politica/227492,cresce-mobilizacao--contra-eugenio-spengler-na-secretaria-de-meio-ambiente.html   >. Acesso em: 14 abr. 2019.

Cash Investigation, Série « Luxe, les dessous chocs ». France TV. Disponível em: <https://www.francetvinfo.fr/replay-magazine/france-2/cash-investigation/cash-investigation-du-mardi-9-octobre-2018_2948679.html>. Acesso em: 28 abr. 2019.

CAVALCANTI, Bianor Scelza & COSTA, Frederico Lustosa da (orgs.). *Guerreiro Ramos: entre o passado e o futuro*. Rio de Janeiro: FGV Editora, 2019.

CIRIACO, Douglas. *Senado volta a discutir lei que pode repassar 100 bilhões às teles*. Disponível em: <https://www.tecmundo.com.br/mercado/129175-plc-79-2016-voltara-ser-discutido-senado.htm>. Acesso em: 11 de mai. 2018.

COLBERT, Amy; YEE, Nick; GEORGE, Gerard. The digital workforce and the workplace of the future. *Academy of Management Journal, 59, (3), 731-739*. Research Collection Lee Kong Chian School of Business. 2016.

COSTA, Gilberto. *Lava Jato completa cinco anos com 155 pessoas condenadas*. Disponível em: <http://agenciabrasil.ebc.com.br/justica/noticia/2019-03/lava-jato-completa-cinco-anos-com-155-pessoas--condenadas>. Acesso em: 28 de abr. 2019.

CROUCHER, Shane. *Trump's America is becoming more corrupt, report says: "Erosion of ethical norms at the highest level of power"*. Disponível em: <https://www.newsweek.com/trump-corruption-america--index-2018-1308983?utm_source=Facebook&utm_campaign=NewsweekFacebookSF&utm_medium=Social>. Acesso em: 07 de fev. 2019.

DAVIES, Caroline. *Minoria cristã se torna "garimpeira do lixo" em busca de ascensão social no Egito*. Disponível em: <https://www.

bbc.com/portuguese/internacional-37495391>. Acesso em: 03 de jul. 2018.

DEUTSCHENDORF, HARVEY. *Why Emotionally Intelligent People Are More Successful.* <https://www.fastcompany.com/3047455/why-emotionally-intelligent-people-are-more-successful>. Acesso em: 07 de jun. 2018.

Diário de Notícias. *Trump nomeia oficialmente Andrew Wheeler para liderar Agência de Proteção Ambiental.* Disponível em: <https://www.dn.pt/lusa/interior/trump-nomeia-oficialmente-andrew-wheeler-para-liderar-agencia-de-protecao-ambiental-10417656.html>. Acesso em: 14 abr. 2019.

DUPUY, JEAN-PIERRE. *Petite Metaphysique des Tsunami.* Paris: Éditions Du Soleil, 2005.

DUZERT, YANN. *Newgotiation: Newgociação no cotidiano.* Rio de Janeiro: Newgotiation Publishing, 2017.

DUZERT, YANN; SIMIONATO, MONICA. *Newgociação: A neurociência da negociação.* Rio de Janeiro: Qualitymark, 2018.

DUZERT, YANN; ZERUNYAN, FRANK. *Newgotiation for public leaders.* Los Angeles: University of Southern California Press, 2016.

Euro Parlament TV. *Beyond Capitalism: towards a sharing economy.* Entrevista com Jeremy Rifkin. Disponível em: <https://www.euro-parltv.europa.eu/programme/others/beyond-capitalism-towards-a--sharing-economy>. Acesso em: 03 de jul. 2018.

FAGUNDEZ, INGRID. *Bem-formada, nova geração chega mal-educada às empresas, diz filósofo.* Disponível em: <http://www.bbc.com/portuguese/geral-36959932>. Acesso em: 14 de mai. 2018.

FARINACCIO, Rafael. *Uma visita na "fábrica de suicídios" da Apple na China*. Disponível em: <https://www.tecmundo.com.br/apple/118036-visita-fabrica-suicidios-apple-na-china.htm>. Acesso em: 25 abr. 2019.

FESTINGER, Leon. *A Theory of Cognitive Dissonance*. Stanford: Stanford University Press, 1957.

FIANI, Ronaldo. *Teoria dos Jogos*. Rio de Janeiro: Campus, 2006.

FINANCIAL TIMES. *Europe Talks*. Disponível em: <https://ig.ft.com/europe-talks/>. Acesso em : 28 de mai. 2019.

FOX, Robert. *Boeing takes off as Airbus lands hard*. Disponível em: <https://www.theguardian.com/commentisfree/2008/jul/10/theairlineindustry.eads>. Acesso em: 27 de jul. 2018.

G1. *Entenda o inquérito do Supremo que investiga ameaças à Corte e veja os pontos polêmicos*. Disponível em: <https://g1.globo.com/politica/noticia/2019/04/16/entenda-o-inquerito-do-supremo-que-investiga-ameacas-a-corte-e-veja-os-pontos-polemicos.ghtml>. Acesso em: 28 de abr. 2019.

G1. *Prefeito e vereadores de Cabedelo, PB, são presos em operação da Polícia Federal*. Disponível em: <https://g1.globo.com/pb/paraiba/noticia/operacao-xeque-mate-combate-corrupcao-na-administracao--de-cabedelo-pb.ghtml>. Acesso em: 11 de mai. 2018.

G1. *Trump nomeia cético sobre mudança climática para dirigir agência ambiental*. Disponível em: <https://g1.globo.com/natureza/noticia/trump-nomeia-cetico-sobre-mudanca-climatica-para-dirigir-agencia-ambiental.ghtml>. Acesso em: 14 abr.2019.

GOVERNMENT OFFICES OF SWEDEN. *Consent — the basic requirement of new sexual offence legislation.* Disponível em: <https://www.government.se/press-releases/2018/04/consent--the-basic-requirement-of-new-sexual-offence-legislation/ >. Acesso em: 03 de jul. 2018.

GRECO, Maurício. *O guru Steven Johnson conta de onde vem a inovação.* Disponível em: <https://exame.abril.com.br/tecnologia/o--guru-steven-johnson-conta-de-onde-vem-a-inovacao/>. Acesso em: 04 de jun. 2018.

GUIMARÃES, Arthur; LEITÃO, Leslie; SOARES, Paulo Renato; TV GLOBO; G1 RIO; GLOBONEWS. *'Apego a poder, dinheiro é um vício', diz Sérgio Cabral em depoimento à Justiça Federal do RJ.* Disponível em: https://g1.globo.com/rj/rio-de-janeiro/noticia/2019/02/26/sergio-cabral-presta-depoimento-na-justica-federal--no-rj.ghtml. Acesso em: 24 de mai. 2019.

HARVEY, Jerry B. The Abilene paradox: The management of agreement. *Organizational Dynamics 3(1):63-80.* 1974.

HEIMANS, Jeremy & TIMMS, Henry. *Nouveau (contre) pouvoir : convaincre, mobiliser et réussir dans notre monde hyperconnecté.* Paris : Plons, 2019.

HEINEKEN. *Worlds Apart (Heineken Integrated Campaign).* Disponível em: <https://www.youtube.com/watch?v=_yyDUOw-BlM>. Acesso em : 10 de mai. 2019.

JAIN, Rupam; LASSETER, Tom. (Reuters.) *Governo indiano tenta reescrever História do país.* Disponível em: <https://oglobo.globo.com/mundo/governo-indiano-tenta-reescrever-historia-do--pais-22461713>. Acesso em: 08 de jun. 2018.

JANIS, IRVING. Groupthink: The Desperate Drive for Consensus at Any Cost. *Classics of Organization Theory, 161-168.* 2015.

JOHNSON, STEVEN. *De Onde Vêm as Boas Ideias.* Rio de Janeiro: Editora Zahar, 2011.

KAHNEMAN, DANIEL; TVERSKY, AMOS. Psychology of Preferences. *Scientific American,* Vol. 246, n. 1, p. 161-173, 1982.

KATZENBACH, JON. R., & SMITH, DOUGLAS. K. *The Discipline of Teams.* Cambridge: Harvard Business Press, 2008.

KIM, YOONHO. A comparative study of the" Abilene Paradox" and" Groupthink". *Public Administration Quarterly,* 168-189. 2001.

KORTE, S. MECHIEL; KOOLHAAS, JAAP M.; WINGFIELD, JOHN C.; MCEWEN, BRUCE S. The Darwinian concept of stress: Benefits of allostasis and costs of allostatic load and the trade-offs in health and disease. *Neuroscience & Biobehavioral Reviews. 2005 Mar; 29(1):3-38.* Disponível em: <https://www.researchgate.net/publication/8079647_The_Darwinian_concept_of_stress_Benefits_of_allostasis_and_costs_of_allostatic_load_and_the_trade-offs_in_health_and_disease>. Acesso em: 03 de jul. 2018.

KRISHNAMURTI. *Freedom from the Known.* Disponível em: <https://selfdefinition.org/krishnamurti/Jiddu_Krishnamurt_Freedom_from_the_Known.pdf>. Acesso em: 03 de jul. 2018.

LAMY, PASCAL. *Quand la France s'éveillera.* Paris: Éditions Odile Jacob, 2014.

LEMPEREUR, ALAIN P. ; COLSON, AURÉLIEN ; DUZERT, YANN. *Método de Negociação.* São Paulo : Atlas, 2009.

LEVITT, Arthur. *Take on the Street — What Wall Street and Corporate America Don't Want You to Know. What You Can Do to Fight Back.* Nova York: Pantheon Books, 2002.

LINDNER, Julia & FARIA, Thiago. *Presidente da CPI do BNDES teve campanha financiada pela JBS.* Disponível em: < https://exame.abril.com.br/brasil/presidente-da-cpi-do-bndes-teve-campanha--financiada-pela-jbs/>. Acesso em: 02 de mai. 2019.

LOUSADA, Vinicius. *Em 100 dias, ataques reforçam desprezo de Bolsonaro e Ricardo Salles pelo Meio Ambiente.* Disponível em: <https://www.revistaforum.com.br/em-100-dias-ataques-reforcam-desprezo--de-bolsonaro-e-ricardo-salles-pelo-meio-ambiente/>. Acesso em: 28 abr. 2019.

Management Magazine. *Réussissez (vraiment) toutes vos négos. En Exclusivité: Les 1ers extraîts de « Négociator », le livre événement de Laurent Combalbert et Marwan Mery.* Prisma Media. Março, 2019. Nº 272.

MARLIER, Fanny. *Sous-traitance, ouvriers malmenés, maltraitance animale… « Cash Investigation » a enquêté sur le luxe.* Disponível em: <https://www.lesinrocks.com/2018/10/09/actualite/medias-actualite/sous-traitance-ouvriers-malmenes-maltraitance-animale-cash-investigation-enquete-sur-le-luxe/>. Acesso em: 28 abr. 2019.

MEDITAÇÃO Mente Plena. *Se todas as crianças de oito anos aprenderem meditação, nós eliminaremos a violência do mundo dentro de uma geração.* Disponível em: <http://meditacaomenteplena.com.br/2013/10/%E2%80%9Cse-todas-as-criancas-de-oito-anos--aprenderem-meditacao-nos-eliminaremos-a-violencia-do-mundo--dentro-de-uma-geracao%E2%80%9D-dalai-lama/>. Acesso em: 03 de jul. 2018.

MILGRAM, STANLEY. Behavioral study of obedience. *The Journal of abnormal and social psychology, 67(4), 371-378*. 1963.

MNOOKIN, ROBERT. *Negociando com o Diabo: Quando Dialogar, Quando Lutar*. São Paulo: Editora Gente, 2011.

MORENO, JOÃO BRUNELLI. *Funcionários da Foxconn na China têm que assinar "cláusula de não suicídio"*. Disponível em: <https://tecnoblog.net/64348/funcionarios-da-foxconn-na-china-tem-que-assinar-clausula-de-nao-suicidio/>. Acesso em: 25 abr. 2019.

NAÍM, MOISÉS. *O Fim do Poder*. São Paulo: Leya, 2013.

NASSIF, LUÍS. *O xadrez da venda da Eletrobras, por Luís Nassif.* Disponível em: <https://jornalggn.com.br/noticia/o-xadrez-da-venda-da-eletrobras-por-luis-nassif>. Acesso em: 11 de maio. 2018.

OLIVEIRA, CIDA DE. *Ricardo Salles não pode assumir Ministério do Meio Ambiente, afirma jurista*. Disponível em: <https://www.redebrasilatual.com.br/politica/2018/12/ricardo-salles-nao-pode-assumir-ministerio-do-meio-ambiente-afirma-jurista>. Acesso em: 14 abr. 2019.

OLIVEIRA, MARIANA & JUSTE, MARÍLIA. *Belo Monte será hidrelétrica menos produtiva e mais cara, dizem técnicos.* Disponível em: <http://g1.globo.com/economia-e-negocios/noticia/2010/04/belo-monte-sera-hidreletrica-menos-produtiva-e-mais-cara-dizem-tecnicos.html>. Acesso em: 30 de abr. 2019.

OLIVEIRA, REGIANE. *Por trás do verdadeiro mecanismo de corrupção no Brasil*. Disponível em: <https://brasil.elpais.com/brasil/2018/03/28/politica/1522247105_599766.html>. Acesso em: 02 de jul. 2018.

ORASANU, Judith & SALAS, Eduardo. Team decision making in complex environments. *Decision Making in Action: Models and Methods*. Santa Barbara: Praeger, 1993.

PERT, Candace B. *Molecules of Emotion: The Science behind Mind-Body Medicine*. Nova York: Simon and Schuster, 1997.

PONTES, Nádia. *Após um ano de funcionamento, Belo Monte segue envolta em polêmicas*. Disponível em: <https://www.cartacapital.com.br/sociedade/apos-um-ano-de-funcionamento-belo-monte-segue--envolta-em-polemicas/>. Acesso em: 30 de abr. 2019.

PORTAL SOLAR. *Quanto custa a energia solar fotovoltaica*. Disponível em: <https://www.portalsolar.com.br/quanto-custa-a-energia-solar-fotovoltaica.html>. Acesso em: 1º de mai. 2019.

PUBLIC CITIZEN. *White House for Sale*. Disponível em: <www.citizen.org/whitehouseforsale/>. Acesso em: 03 de jul. 2018.

RAIFFA, Howard. *Negotiation Analysis*. Cambridge: Harvard University Press, 2002.

Redação Exame. *Previdência militar com economia tímida é "tiro no pé", diz especialista*. Disponível em: <https://exame.abril.com.br/economia/previdencia-militar-com-economia-timida-e-tiro-no-pe-diz--especialista-2/>. Acesso em: 2 de mai. 2019.

REICH, Robert. *Saving Capitalism: for the many, not the few*. Nova York: Knopf Publishing Group, 2016.

REICH, Robert. *Supercapitalismo: Como o Capitalismo tem Transformado os Negócios*. Rio de Janeiro: Elsevier, 2008.

Reuters. *Mais um pedido de impeachment contra Gilmar Mendes é protocolado no Senado*. Disponível em: <https://economia.uol.com.br/

noticias/reuters/2019/03/14/mais-um-pedido-de-impeachment-contra-gilmar-mendes-e-protocolado-no-senado.htm>. Acesso em: 28 de abr. 2019.

Revista IstoÉ. *Cinco ex-governadores do Rio já foram presos.* Disponível em: < https://istoe.com.br/cinco-ex-governadores-do-rio-ja-foram-presos/>. Acesso em: 02 de mai. 2019.

Revista IstoÉ Dinheiro.*Devemos conhecer os segredos da inovação.* Disponível em: <https://www.istoedinheiro.com.br/noticias/entrevistas/20110128/devemos-conhecer-segredos-inovacao/147962>. Acesso em: 04 de jun. 2018.

Revista Veja. *Fundos de pensão têm rombo de 70,6 bilhões no Brasil.* Disponível em: <https://veja.abril.com.br/economia/fundos-de-pensao-tem-rombo-de-r-706-bilhoes-no-brasil/>. Acesso em: 13 de mai. 2018.

RIBEIRO, Haroldo V.; ALVES, Luiz G. A.; MARTINS, Alvaro F.; LENZI, Ervin K.; PERC, Matjaz. The dynamical structure of political corruption networks. *Journal of Complex Networks, 2018 Jan., cny002.* Disponível em: <https://academic.oup.com/comnet/advance-article-abstract/doi/10.1093/comnet/cny002/4823561?redirectedFrom=fulltext>. Acesso em 03 de jul. 2018.

RIFKIN, Jeremy. *Sociedade com Custo Marginal Zero.* São Paulo: M. Books, 2015.

SALVADOR, Susana. *Espanha contra a Manada: "Não é abuso, é violação".* Disponível em: <https://www.dn.pt/mundo/interior/espanha-contra-a-manada-nao-e-abuso-e-violacao-9288350.html>. Acesso em: 03 de jun. 2018.

SANDERS, Bernie. *Combating climate change to save the planet: Reclaim our democracy from the billionary fóssil fuel lobby*. Disponível em: <https://berniesanders.com/people-before-polluters/billionaire--fossil-fuel-lobby/>. Acesso em: 06 de ago. 2016.

SATELL, Greg. *A Guide to Game Theory and Negotiations*. Disponível em: <http://www.digitaltonto.com/2009/game-theory-guide-to-negotiations/>. Acesso em: 04 jul. 2018.

SCHMIDT, Norman B.; RICHEY, J. Anthony; ZVOLENSKY, Michael J.; MANER, Jon K. Exploring Human Freeze Responses to a Threat Stressor. *Journal of Behavior Therapy and Experimental Psychiatry*. *2008 Sep; 39(3): 292-304*. Disponível em: <https://www.ncbi.nlm.nih.gov/pmc/articles/PMC2489204/>. Acesso em: 03 de jul. 2018.

SILVA, Antônio R. *Teoria dos Jogos e da Cooperação para Filósofos*. Disponível em: <https://forumdediscursus.files.wordpress.com/2014/05/tjcf2v1.pdf>. Acesso em: 04 jul. 2018.

SIMIONATO, Monica. *Competências emocionais — o diferencial competitivo no trabalho*. Rio de Janeiro: Qualitymark, 2006. Tradução da versão italiana: 2ª edição em 2009.

SIMIONATO, Monica (coautora). Emoções: elementos para uma negociação mais cooperativa. In: Autores vários. *Negociações Econômicas e Internacionais: Abordagens, Atores e Perspectivas desde o Brasil*. São Paulo: Unesp, 2012.

SIMIONATO, Monica. *Liderança para Advogados — Direito, Gestão e Prática*. Série GVLaw. São Paulo: Saraiva, 2013.

SIMIONATO, Monica. *O fator emocional nas negociações*. Rio de Janeiro: Qualitymark, 2011.

SIMIONATO, Monica; MOURÃO, Alessandra N. S. F. (coord.); CAMPOS, Anita P.; AZEVEDO, Monique H. K. *Resolução de conflitos — Fundamentos da negociação para o ambiente jurídico*. Série GVLaw. São Paulo: Saraiva, 2014.

SIMON, Herbert A. *Theories of Bounded Rationality*. Amsterdam: McGuire & Radner, 1972.

SINEK, Simon. *Palestra proferida no TED Talks, Monterey (California), Sep. 2009*. YouTube. Disponível em: <https://www.ted.com/talks/simon_sinek_how_great_leaders_inspire_action>. Acesso em 01 jul. 2018.

SNIDER, Annie & COLMAN, Zack. *Warren demands answers from EPA on industry influence*. Disponível em: <https://www.politico.com/story/2019/03/01/warren-epa-influence-1230858>. Acesso em: 14 abr.2019.

SORKIN, Andrew R. *How executives vote with their wallets*. Disponível em: <https://www.nytimes.com/2019/03/19/business/dealbook/executives-political-contributions.html>. Acesso em: 14 abr. 2019.

SPITZECK, Heiko Hosomi. *Você não vira CEO por causa da sustentabilidade, mas deixa de ser CEO por causa dela*. Disponível em: <https://epocanegocios.globo.com/colunas/noticia/2019/02/voce-nao-vira-ceo-por-causa-da-sustentabilidade-mas-deixa-de-ser-ceo-por-causa-dela.html>. Acesso em: 18 fev. 2019.

STIEGLER, Bernard. *Dans la disrutpion: comment ne pas devenir fou?* Paris: Le Liens que Libèrent, 2016.

Superinteressante. *2 minutos para entender — Cultura do Estupro.* Disponível em: <https://www.youtube.com/watch?v=7a2uY64I-wXY>. Acesso em: 03 de jul. 2018.

SUSSKIND, Lawrence; Cruikshank, Jeffrey; Duzert, Yann. *Quando a maioria não basta: métodos de negociação coletiva para a construção de consenso.* Rio de Janeiro: FGV, 2008.

TEÓFILO, Sara. *Tesouro Verde: Licença ambiental provoca incertezas.* Disponível em: https://www.opopular.com.br/noticias/cidades/tesouro-verde-licen%C3%A7a-ambiental-provoca-incertezas-1.1417368. Acesso em: 24 de mai. 2019.

THE GUARDIAN. *Black men arrested in Starbucks settle for $1 each and $200,000 program for young people.* Disponível em: https://www.theguardian.com/business/2018/may/02/black-men-arrested--starbucks-settlement>. Acesso em: 03 de jul. 2018.

THE *Inside Job.* Direção: Charles H. Ferguson. [S.I.]: Sony Pictures Classics, 2010.

TORRANCE, E. Paul. Group decision-making and disagreement. *Social Forces, 35(4):314-318.* Oxford University Press. 1957.

TRACEY Ullman's Show, Temporada 2, Episódio 6. BBC. Disponível em: <https://www.youtube.com/watch?v=Z0VGGFHrA0Q>. Acesso em: 03 de jul. 2018.

URY, Willian L.; FISCHER, Roger; PATTON, Bruce. *Como chegar ao sim: a negociação de acordos sem concessões.* Rio de Janeiro: Solomon Editores, 2014. 3ª ed.

VENTURINI, Marco. *Fumo, le immagini choc sui pacchetti causano l'effetto contrario.* Disponível em: <https://www.ilfattoquotidiano.

it/2015/09/21/fumo-le-immagini-choc-sui-pacchetti-causano-leffet-to-contrario-spingono-a-fumare/2054153/>. Acesso em: 03 de jul. 2018.

VINOLO, STÉPHANE. *René Girard. Do mimetismo à hominização.* São Paulo: É Realizações, 2012.

WANDERLEY, JOSÉ A. *Negociação total: encontrando soluções, vencendo resistências, obtendo resultados.* São Paulo: Editora Gente, 1998.

Wikipedia. *Conflict of Interest.* Disponível em: <https://en.wikipedia.org/wiki/Conflict_of_interest>. Acesso em: 15 de mai. 2018.

Wikipédia. *Conflit d'Interêt.* Disponível em: <https://fr.wikipedia.org/wiki/Conflit_d%27int%C3%A9r%C3%AAt>. Acesso em 15 de mai. 2018.

Wikipédia. *Conflito de Interesses.* Disponível em: <https://pt.wikipedia.org/wiki/Conflito_de_interesses>. Acesso em: 15 de mai. 2018.

WILLIAMS, LANCE & SHOGREN, ELIZABETH. *Recording reveals oil industry execs laughing at Trump access.* Disponível em: <https://www.politico.com/magazine/story/2019/03/23/trump-big-oil--industry-influence-investigation-zinke-226106>. Acesso em: 14 abr. 2019.

ZERUNYAN, FRANK. Technical Inovations (Chapter). *The Role of Ethical Standards, Law and Regulation in the Public Interest.* 2016. No prelo.

| Índice

A

academia 17–20, 31, 40
agências

de classificação 25–27, 31
de fomento 71–72
de meio ambiente 60
de notação 25–27
públicas 60
reguladoras 55–66, 59, 161
altruísmo 29, 36, 139, 154
ameaças 44, 84, 183
aposentadoria 15, 53, 85
arranjos cômodos 18, 29, 49, 69
auditoria 21, 72
autoconhecimento 97–98

B

bancos 5, 39, 70–77
bem

comum 25, 49, 77, 97–98
de todos 25
individual 77
particular 25
público 25, 88, 150
benefícios 38, 65, 93, 156
boas práticas 33, 159

C

caixa dois 46
caráter 137–139
cenário 30, 85–98, 119–120, 142
cidadão 12, 41, 83–98, 137, 160–171
cliente 13, 21, 57, 61, 71, 83–98, 165–172
comportamento 76, 102, 106–124, 130–171

ético anticorrupção 76, 125–172

confiança 13, 28–41, 54, 77, 152, 167

conscientização 125–135, 147, 170, 175

consumidor 31, 41, 67, 86–98, 137, 150, 162, 167, 171

contador 21–25, 31, 40

corrupção 1, 7, 38, 46, 74, 94–98, 103–124, 140–172

D

decisões 15, 68, 84, 104, 114–124, 129, 132, 160

denúncias 10, 45, 54, 85

desregulamentação 4, 62, 87

    ambiental 61, 64

    do setor bancário 77

    financeira 70

desvio de dinheiro público 75

desvios orçamentários 85

difamações 54

dilema 6, 86, 92

E

economia 3, 51, 85, 120, 155, 162, 166–171

    brasileira 4, 86

    capitalista 92

    de compartilhamento 92, 119–124

    do conhecimento 166

    norte-americana 5, 20, 57

positiva 88, 96, 164, 166–171

educação 96, 135–171

    à distância 168

    do cidadão 137

    do ser humano 142

    emocional 138

    empresarial 139

    familiar 139

    formal 141

    privada 137

enganação 37, 59

escândalo 10, 11, 33, 60, 72, 126

    da AIG 40

    das fraudes contábeis 21

    das Teles 48, 66

    de corrupção 75, 151

    do Mensalão 47

    dos bancos 5

    na internet 12

ética 6, 33, 38, 77, 136, 158, 163

    planetária 156

    profissional 25

    pública 76

F

falência 11, 20, 40

fiscalização 14–16, 38, 45, 56, 65, 75–78, 87, 139

Forças Armadas 68–69

fornecedor 13, 23, 31, 68, 83–98, 137, 153

fraude 21, 55, 56, 57, 66, 72, 164

Índice   197

G

governança colaborativa   7, 38, 65, 152, 158–161, 169
governo   7, 43–78, 159–171

brasileiro   39, 62–77
estaduais e municipais   73–74
estadunidense   11, 44, 51, 60, 84
federal   44, 47, 66, 73
francês   163
regulador   161

H

habilidades   100, 148, 154, 162

analíticas   158
cognitivas   127
de gestão   162
emocionais   149
individuais   153
organizacionais   153

hipercomplexidade   7, 101–124, 159, 170

I

indivíduo   20, 41, 77, 103–124, 126, 139–172

acionista   90–92
cidadão   92–98
cliente   86–88
fornecedor   88–90
trabalhador   84–86

interesses   2, 84, 97, 133, 152

comerciais   68
conflituosos   7
da coletividade   49
da família   52
do bem comum   49
do indivíduo   84
econômicos   49
individuais   113
múltiplos   2, 83
organizacionais   94
pessoais   1, 138
privados   2, 5, 64, 99, 156
públicos   2, 99, 113
secundários   113

isenções tributárias   44, 45

J

"jeitinhos"   58
jogo   15, 92, 152, 166, 169

cognitivo   152
de poder   11, 69
do mercado   28

L

lavagem de dinheiro   38, 47, 73
Lava Jato   38, 45–77, 90
legislação   61–77, 105
liderança   10, 116–124, 142, 148, 174
líderes   118–124, 129, 142, 152, 156
lobby   3, 14, 43–45, 50–77, 87
luta   12, 119, 133

externa 13–16

interna 12–13

M

má-fé 23, 37

modelo U 122

moral 15, 22, 40, 94, 136, 150–171

motivação 2, 38, 121, 174

mudança 60, 121, 126, 142–171, 174

múltiplos 2, 7

papéis do indivíduo 83–94

N

negociação 7, 16, 50, 81, 140–171, 175

newgotiation 34, 81, 148–157, 175

nova era 7, 132, 153

novas tecnologias 120, 163–166

O

ocultação 3, 26, 39, 163

ONGs 12, 41, 145

opinião pública 37, 46, 54, 106, 132

oportunidades 84, 87, 104, 123, 154

organizações sem fins lucrativos 7, 122

P

paradigma 119, 136, 153, 158

paradoxo de Abilene 114–117

pequeno acionista 59, 83, 90–91

poder

Executivo 2, 45, 59, 70–77, 161

Judiciário 3, 45, 73, 94, 142, 161

Legislativo 45, 73, 94, 161, 164

Polícia Federal 38, 52, 72, 74–77

política 12, 29, 44–77, 90, 104, 138, 150, 162

preconceito geracional 104–124

previdência 67, 70, 85, 91, 179

prosumidor 119

publicidade 27, 106, 128, 145, 164, 170

R

redes sociais 6, 11, 34, 41, 65, 108–124, 132–171

relações 1, 7, 46–77, 83, 99, 119, 130–135, 141–147

religião 111, 140

reputação 6, 21, 76, 157, 165

resolução de conflitos 149, 155

responsabilidade social 9, 29, 35–38, 80

risco 5, 20–41, 55–77, 85, 113, 151, 175

rivalidade mimética 112–114

S

seguradoras 20, 40–42
Segurança Pública 68–69
Serum anticorrupção 99–100
soluções 3, 100, 122, 142–171
subprime 20, 26–41, 87
sucesso 15, 72, 117, 127, 146–171, 173
sustentabilidade 65, 88, 90, 136, 151, 191

T

técnicas de negociação 157, 158. Consulte também Newgotiation
teoria U 121, 122–124, 135, 146
terceiro setor 29. Consulte também ONGs; responsabilidade social
tomada de decisão 114, 118, 145
trabalhador 35, 41, 71, 83–86, 93, 119, 137, 170
três Poderes 15, 45, 45–54, 73, 75, 161. Consulte também poder Executivo; poder Judiciário; poder Legislativo

V

validação 16, 22, 34–41, 64, 80
valores 57, 68, 94, 114–124, 152, 163
viés 23, 45, 108, 109
visão 12, 15, 59, 80, 101–124, 134, 154

Este livro foi impresso nas oficinas gráficas da Editora Vozes Ltda.,
Rua Frei Luís, 100 – Petrópolis, RJ.